サバイバビリティ

【Survivability】

生き延びる力

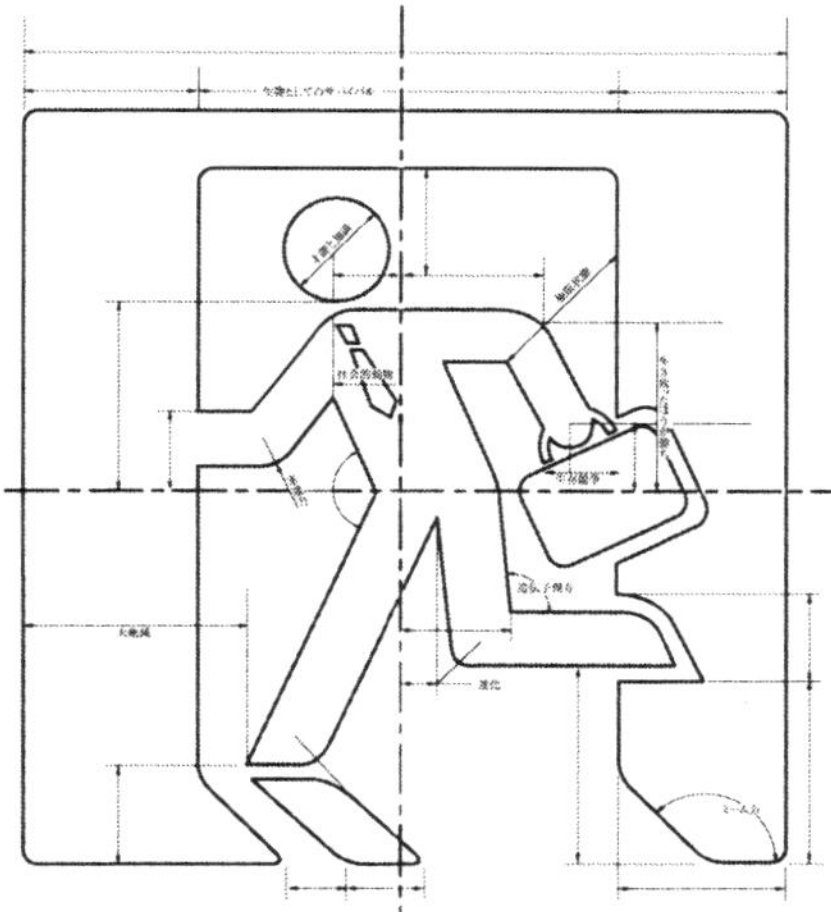

桜井慎太郎

SAKURAI Shintaro

SEIKO SHOBO

■はじめに■

もう一昔も前のこと、所用があって外務省を訪れた。対応してくれたのは、とびきり美人の女性キャリアだった。

外務省というところは、意外に女性の多い職場である。新規採用のⅢ種職員や専門職員は、今や過半数が女性だというし、廊下では比較的水準の高いアルバイト女性がカラフルなファッションで歩き回っている。

しかし女性キャリアに限っては、毎年二、三名の採用しかない。もちろん容貌で選ぶわけではないから、美人である確率はどうさばをよんでも世間並みであろう。

その意味では、私は非常な希少種と遭遇する機会を得たわけである。

容貌の美しさだけでなく、服装のセンスや会話にも、知性と、しかも日本的な奥ゆかしさをにじませたこの女性であったが、既に既婚者で、しかも一児の母ということであった。

それを聞いた私は、これほど高い知性の持ち主も、しょせん種族保存とか性衝動などの本能には逆らえないものか、と妙に落胆したことを記憶している。

考えてみれば、それも当然である。

知能というのは、生物として自己のサバイバルを追求するための一手段であり、容貌の美しさも、より優秀な異性を獲得して自己の遺伝子保存を図る際の利点である。

つまりは、中央官庁のキャリアといえども、しょせん霊長類ヒト科に属する動物に過ぎないということだ。

どんなに社会的地位に恵まれた人間であろうと、生物として自分の遺伝子を残そうと努力しているという意味では、ネズミやゴキブリと大差ない。

極論を言えば、生き延びて遺伝子を残したほうが勝ちなのだ。

イギリスのリチャード・ドーキンスが生物について唱えたこの考えを、企業や国家などの組織、さらには商品などにも応用できないかと考えたのは、サバイバルの大家、柘植久慶氏の講演を聴いたときだ。

テーマは、氏が得意とする戦場、事故、自然災害時のサバイバル術であった。

講演のなかで、氏は戦場での部隊全体のサバイバルについて言及した。そして部隊のサバイバルには、指揮官の能力が大きくものを言うと述べていた。

このとき、同じことは国家にも言えるのではないか、と思ったのが、今思えば本書執筆への第一歩だったのかもしれない。

生物がサバイバルを追求するように、企業や国家、市場の商品などにも「サバイバル」

という概念が適用できるような気がしたのだ。そしてこのようなさまざまなサバイバルを達成するためにはどのような能力、資質が必要か、ある程度まとめようと試みたのが本書である。

戦後最大の大不況のなか、リストラに脅える日本のサラリーマン、経営悪化に苦しむ日本企業、そして日本的なシステムで運営されてきた日本という国それ自体まで、ただ生き残るために死力を尽くす時代がきている。

サラリーマンとして、企業として、そして国家として生き残るためには、何が必要とされるのだろう。その辺りを考察したのが本書である。

現段階では、それぞれのサバイバルの相互関係について、十分整理ができているわけではない。そこで、こうしたサバイバルに必要な〈サバイバビリティ〉とは何なのか、本書を読んで皆さんも一緒に考えて欲しい。

ただ一つ言えることは、人間も生物である以上、やはり生物としてのサバイバルがもっとも重要だということである。たとえリストラされても、生物としてのサバイバルさえ確保されれば、いずれ復活の機会もあるはずだからだ。

装幀■フロッグキングスタジオ
写真■毎日新聞社
■中村龍生

サバイバビリティ　生き延びる力■目次

第Ⅱ章 人間社会での〈サバイバビリティ〉

第Ⅲ章 企業とモノの〈サバイバビリティ〉

第Ⅳ章　国家の〈サバイバビリティ〉

第Ⅴ章 サバイバルの抵触

終章 〈サバイバビリティ〉で切る最近の事件

序章　〈サバイバビリティ〉とは何か

死ぬのがこわかった。米軍に捕まったら軍事裁判だと思った。
小隊長は戦闘末期「隊を解散するからバラバラになれ」と命じた。
それを誰が証明してくれるのか。
玉砕しなかった卑怯者として日本の軍法会議にかけられると思った。

……………………………………横井庄一■一九九五年三月三〇日付「産経新聞」

■一■……サバイバルと〈サバイバビリティ〉

本書の主題は「サバイバビリティ(survivability)」である。日本ではなじみの薄い言葉であろう。

よく似た単語に「サバイバル(survival)」というものがある。こちらはもうかなりポピュラーになっていて、大地震などの自然災害時のサバイバルだとか、企業のサバイバルとかいう形でしばしば用いられている。

要するに「サバイバル」とは、生き残ることである。そして「サバイバビリティ」は、この「サバイバル」に関連する言葉である。

本来は軍事用語で、「帰還可能性」と訳されることもある。研究社の『リーダーズプラス英和辞典』はこれを「生存性」と訳し、以下のように定義している。

Survivability:(軍)生存性、サバイバビリティ(動員[出撃]兵力中どれくらいの兵士が敵の防衛行動に耐え、所期の任務を完遂して帰還しうるかの割合)

わかりやすく言えば、特定の軍事作戦に参加した兵員全員のうち、どれだけの割合の者が無事に生きて帰ってくるかという可能性を示す言葉である。

本書では、この〈サバイバビリティ〉という言葉を少し広く解釈し、あらゆる意味で「サバイバル」を達成できる能力、つまり「生き延びる能力」というふうに解釈してみた。

では、具体的にこの言葉をどう用いたらよいのだろう。

〈サバイバビリティ〉という言葉は本来軍事用語であるから、やはり戦場での兵器同士の戦闘を例に引くと説明しやすいであろう。

一九九〇年八月、中東にあるイラクの軍隊が突如隣国クウェイトに侵攻し、数時間で全土を征服するという事件が起きた。いわゆる、イラクのクウェイト侵攻である。

これに対しアメリカを中心とする多国籍軍が隣国のサウジアラビアに大量の兵力を派遣し、最終的にはイラク軍をクウェイトから追い出した。

この湾岸戦争の最終局面で行なわれた地上戦の主力は、アメリカ軍がM1エイブラムス戦車であり、イラク軍は旧ソ連製のT72戦車を用いていた。結果は、エイブラムスがT72を一方的に粉砕した。

同様に一九八二年のフォークランド紛争では、アルゼンチンが保有するフランス製ミラージュ戦闘機は、イギリスのハリヤー戦闘機にばたばたと撃ち落とされてしまった。

この場合両者の〈サバイバビリティ〉を比較したところ、エイブラムスやハリヤーの〈サバイバビリティ〉が圧倒的に高かったということができる。

■二■……本書でいう〈サバイバビリティ〉とは

この〈サバイバビリティ〉による評価が適用できるのは、戦場の兵器ばかりではない。まず実際に生きているもの、つまり生物同士の生存競争にも当てはめることができるだろう。

この地球上に、どのようにして最初の生物が生まれたのか、現代の生物学をもってしても完全に解明されているわけではない。

しかし、最初の発生以来、生物は常に進化を続けてきた。そうした進化の結果、現在見られる無数の種類の生物が生まれてきたのである。

ではなぜ、生物は進化する必要があったのだろうか。それは、「生き延びる能力」、つまり〈サバイバビリティ〉を少しでも高めようとした結果と言えるのではないだろうか。

異なる生物が同じ地域で一緒に暮らすとき、必ずと言ってよいほど生存競争が生じる。そしてこの生存競争に敗れた生物は絶滅していくのだ。

今から五億七五〇〇万年前にはじまるカンブリア紀には、象の鼻のようなノズルを持つオパビニアとか、七対の足と七対の刺《とげ》を持つハルキゲニア、それに巨大なフナムシのようなアノマロカリスなど、現在生きている動物たちとは似ても似つかないような奇怪な生物が数多く住んでいた。しかしこうした生物たちは、その後絶滅してしまい、今ではどこを探しても見つからない。

中生代に地上を我が物顔でのし歩いていた恐竜たちも、今から六五〇〇万年ほど前に謎の絶滅を遂げた。

現在オーストラリアのみに住むコアラやカンガルーなどの有袋類は、かつては他の大陸でも生息していたのだが、後に生じた他の動物との生存競争に敗れて絶滅したのだ。

このように絶滅したり、絶滅しかかっている生物と、そうでない生物との相違も、〈サバイバビリティ〉という尺度で説明できるのではないだろうか。

広い意味での生存競争を繰り広げているのは、なにも野生生物だけではない。われわれ人間だって、生まれたときから他の仲間たちとの競争にさらされているではないか。

現代の日本では、親たちは自分の子供を少しでもよい中学、よりよい高校、よりよい大学に入れようと幼い頃から塾に通わせ、多額の資金を投資する。

高校時代によい成績を修め、よりレベルの高い大学を出て安定した大企業に就職するのが、その後のサバイバルを確保するうえで有利なのは事実である。また、学校でよい成績を修めることができるというのは、本人の能力の客観的な評価の一つでもある。

こうした受験戦争に勝ち抜く能力も、一種の〈サバイバビリティ〉としてとらえることができる。

さらに視野を広げてみると、生存競争を繰り広げているのは、生物だけではないことにも気づく。

経済活動の主体である各種企業は、他の同業他社と市場のシェアを争い、少しでも多くの利益を上げて事業を拡大しようとする。現状維持路線でとにかく生き残りをめざす企業もあれば、事業分野を拡大して多角経営で繁栄をめざす企業もある。そして業績の悪い企業は他の企業に吸収されたり、倒産したりしてしまう。

ここにも「サバイバル」をめざす活動があり、〈サバイバビリティ〉が適用できそうだ。では、そうした企業が開発する商品はどうだろう。

自動車メーカーや繊維メーカー、玩具メーカーなど製造業といわれる分野の企業だけでなく、化粧品会社やテレビ番組制作会社、さらには旅行社などサービス業に属する企業まで、毎年多くの新製品や新商売を開発し、消費者に売り出している。しかし売れない商品はすぐに市場から消えてしまう。テレビ番組も、視聴率が悪ければすぐに放送を打ち切られる。

そこで乗用車などは、毎年のようにモデル・チェンジして進化を繰り返し、時代に遅れないようにして生き残りをはかっている。

長年変化のないように見えるインスタントラーメンでさえ、常に消費者の嗜好《しこう》を調査し、微妙に配合を変えたり、関東と関西によっては味を変えたりしているのだ。〈サバイバビリティ〉を高めるために進化してきた生物の歴史とそっくりではないか。

その一方で亀の子たわしや「水戸黄門」など、長期間にわたって消費者や視聴者の人気を集め、いつまでもほとんど変わらない姿で安定した人気を保つ商品や長寿番組もある。こうした商品やテレビ番組は、〈サバイバビリティ〉が高いということができよう。

このように本書では、企業や国家、商品など生存競争を繰り広げるあらゆる存在について、〈サバイバビリティ〉という概念をあてはめようというのだ。

自然界での生存競争は言うまでもなく、学校や企業のなかでも、成績争いや出世争いが存在する。戦闘機は空中戦の性能が悪ければ敵に撃墜されてしまう。環境に適応できない生物は絶滅してしまう。スーパーの店頭に並ぶ商品だって、強力なライバル商品に押されて売れ行きが落ちれば、そのうち店頭から姿を消してしまう。

本書では、そうしたあらゆる意味での競争に耐えて生き延びる能力を、広く〈サバイバビリティ〉と呼ぼうというのである。

つまり、生物が生き延びていくためには、生存競争に勝ち抜くための〈サバイバビリティ〉を必要とし、受験戦争を勝ち抜くには入試に合格するための〈サバイバビリティ〉を必要とする。同じように戦闘機や商品などにも、それぞれの意味での〈サバイバビリティ〉があると考えるのである。

では、こうしたそれぞれの意味での〈サバイバビリティ〉は、どのように決定されるのだろう。

まずは、自然界における生物のサバイバルを考えてみよう。

第I章　生物の〈サバイバビリティ〉

■第I章■……

生物の〈サバイバビリティ〉

▶タスマニアオオカミを絶滅させたディンゴ

動物には百万の半分くらいの種があって、
人類は、そのなかのひとつにすぎない。
もちろんヒトも動物なのだ。
植物でもないし、鉱物でもないではないか。

……T・H・ホワイト■『永遠の王』創元推理文庫

■一■……生物はサバイバルを追求する

地球は、われわれ人類も含めた、すべての生命体の故郷である。

その直径は、約一万四九六〇キロ。人間の基準からすればとてつもなく巨大な球体だが、宇宙的な視野で比べると非常に小さな天体である。地球の直径は、太陽系の中心にある太陽の一〇九分の一に過ぎず、太陽系の兄弟星にも土星や木星、天王星など、地球よりずっと図体の大きなものがいる。しかし、太陽系内で生命の存在が確認されているのは、今のところ地球だけである。

この地球上には、文字どおり無数の生物が住んでいる。われわれの周囲を見回しただけでも、ペットのイヌやネコ、金魚や熱帯魚、ゴキブリやハエ、蚊などさまざまな動物が目に触れるし、住まいやオフィスの観葉植物、パンに生えるカビなども生物である。そしていったんこの世に生を受けたものはなんであれ、とにかく生き延びようとする。

癌細胞のように無限に増殖を繰り返すような存在を除き、いずれは寿命が尽きて死んでしまうことも事実だ。それでもほとんどの生物は死の瞬間まで、その持てる力を総動員して生き延びようとする。

野生のライオンやシマウマ、海のイワシやサンマ、さらにはゴキブリやミミズまで、とにかく全力を尽くして生き延びようとするのだ。

もちろん、なかには自殺する個体もいる。人間だけでなく、霊長類やクジラ類などの高等哺乳類も、自殺としか考えられない行動をとることがある。しかしそうした一部の個体を除いては、生物は生きられるだけ生き延び、自分の子孫をできるだけ多く残そうと行動している。

ではなぜ、生物は生き延びようとするのだろう。それが生物の使命であると言ってしまえばそれまでだが、最近の生物学では、生命の本体である遺伝子それ自体の生き残りという視点から、ユニークな学説が唱えられている。イギリスのリチャード・ドーキンスらが唱える説がそうだ。

■二■……遺伝子とサバイバル

ドーキンスの『利己的な遺伝子』〔紀伊國屋書店刊〕によると、その理論は次のようなものだ。

生物の身体は、単細胞生物はもちろん、人間のような多細胞生物も、結局は一つ一つの細胞から構成されている。個々の細胞のなかには遺伝子がある。そしてこの遺伝子こそ、地球上のすべての生物が共通して持っているものだ。人間はもちろん、イヌやネコ、さらには結核菌や狂犬病ウイルスまで、生物の細胞のなかには、必ずその生物特有の遺伝子が内包されている。

この遺伝子というのは、言うなれば「生命体の設計図」である。地球上のあらゆる生物の身体は、この遺伝子に記録された情報に従って製造されるのだ。

たとえば人間の場合、最初は一つの受精卵が分裂を繰り返して細胞の固まりになる。これらの細胞は、最初はその役割がはっきりしていないのだが、分化の過程で固有の役割を受け持つようになり、筋肉や心臓、骨や皮膚など、人間の肉体を構成するすべてのものが作られていくのだ。

こうした肉体の製造は、すべて遺伝子のプログラムに基づいて行なわれる。その意味で、遺伝子は生物の設計図であり、この設計図のとおりに建設が行なわれないと、いろいろな障害が生じたり、新しい生物となる前に死亡してしまう。

この遺伝子のプログラムには、知能や顔かたち、スタイルだけでなく、ある程度の行動パターンまでも含まれているらしい。

たとえば生まれたばかりのカッコーのヒナが示す行動など、遺伝子にプログラムされているとしか考えられない。カッコーという鳥は、モズやヨシキリなど他の鳥の巣に卵を産みつけ、自分の代わりに子育てをさせるという性質を持っている。これを托卵《たくらん》と呼ぶ。カッコーのヒナは育て親のヒナより必ず先に孵《かえ》る。そして孵ったばかりのカッコーのヒナは、背中のくぼみに他の卵を乗せて、巣の外へ押し出し、落として割ってしまうのだ。生まれたばかりのヒナが、どこかでこのような行動を教え込まれたとはとうてい考えられない。どう見てもこの行動それ自体が、遺伝子のなかにプログラムされていると言わざるを得ないのである。

遺伝子には、もう一つ特徴がある。生物自体はいずれは死亡するが、遺伝子だけは子孫に引き継がれるのだ。

生物学では、ある生物が子孫を産むプロセスを〈生殖〉と呼ぶ。

生殖には大きく分けて、アメーバのような単細胞生物が行なう無性生殖と、人間のようにオスとメスのある生物が行なう有性生殖とがある。単細胞生物が行なう無性生殖の場合は、細胞内で遺伝子が複製され、古い細胞から新しい細胞が分裂して増えていく。この場合、複製された遺伝子は最初のものとまったく同じ遺伝情報を持っていて、一卵性双生児のように親とそっくり同じ子ができることになる。

これに対し、人間のように雌雄の性別を持つ多細胞生物の場合は、子は両親のそれぞれから、遺伝子を半分ずつ受け継ぐことになる。

いずれにしても、遺伝子内に蓄えられた遺伝情報だけは何世代にもわたって伝えられ、生物が地球に存在する限り永遠に残るということだ。

ドーキンスたちはこの点を強調し、生物が自分の遺伝子を子孫に伝えるのではなく、生物は遺伝子が一時的に使用している乗り物《ビークル》に過ぎないと主張するのだ。

つまり、われわれ人間が古くなった自動車を捨てて新しい自動車に買い換えるように、遺伝子は古くなった個体から新しい個体へと乗り継いで永遠に生き続けるということだ。

厳密には、地上に最初の生命が誕生した三五億年前から現在まで、特定の一つの遺伝子が伝えられているわけではない。次世代に引き継がれる遺伝子は、正確に言うとコピーである。しかし遺伝子はそれ自体一種の情報とも言える。であれば、内容さえ正確であれば、最初のオリジナルが残る必要はないのである。市場に出回るレコードは無数にあるが、原版は一つである。しかし市販のレコードで十分音を楽しむことができる。レーザーディスクになれば、ほとんど原音に近い音が再生できる。これと同じで、情報がきちんと伝えられるなら、オリジナルにこだわる必要はないのである。

ただ、何度も遺伝子を複製していると、その過程で少しずつ間違いが生じる。その場合次の世代は、親の世代より少し違った生物となる。この間違いが長期間のうちに蓄積されると、そのうち最初の生物とはまったく別の生物が生まれる。〈進化〉というものである。

■三■……進化とサバイバル

進化とは、ある特定の生物種が、長い時間のうちに次第に変化し、他の生物となる過程をいう。

単純な生物が次第に進化して、複雑な生物に発展していくという進化論を最初に唱えたのは、フランスのジャン・バプティスト・ラマルクであった。ラマルクはすでに、ライオンやトラなどのネコ科動物は、ネコに似た共通の先祖から進化したものであるという説を展開している。

現在唱えられている形の進化論は、一九世紀になってチャールズ・ダーウィンが唱えたものである。しかし実際には、アルフレッド・ラッセル・ウォーレスがほぼ同時期に同じような着想を得ており、一部ではダーウィンの進化論はウォーレスの盗作ではないかとの主張もある。

そのウォーレスは、一八四八年から四年間アマゾン、そして一八五四年からは八年間マレーで暮らし、現地の植物や動物の研究を行なった。その過程で、あらゆる種は非常によく似た近縁の種と同時に存在していることに気づき、進化論の着想を得たという。

一方のダーウィンは、一八三一年から、イギリスの測量船ビーグル号に乗船して南米地域を航海し、そのとき多くの珍しい動物を見た経験から進化論を思いついたという。

とくに有名なのは、ガラパゴス島に住む一四種の鳥たちである。これらは、ダーウィンが発見したために「ダーウィン・フィンチ」と呼ばれているが、食性や環境に応じ、クチバシの形が少しずつ違っているのだ。これをダーウィンは、もとは一種類の同じ鳥だったものが、環境の違いにより少しずつクチバシの形が変化したのだと考えた。

この二人の説は一八五八年に共同発表という形で公表されている。そして一八五九年にダーウィンが著わした『種の起原』により、環境に適応する個体はより多くの子孫を残し、適応力が劣るものはやがて滅びてしまうという自然選択理論を用いた進化論が完成する。

こうした進化論によれば、最初にこの地球上に誕生した生物は、小さな単細胞生物であった。それがいつしか多細胞生物となり、やがて両棲類となって水から陸に上がり、ついには爬虫類や哺乳類、鳥類など、地上で専門に生活する生物に進化した。

その結果、現在地球上に見られるような、多種多様な生物の出現となったのだ。

しかし、生物の数が増えてくると、そこには生存競争が生じる。

そこで生物たちは、他の生物より〈サバイバビリティ〉を高め、生存競争に耐えて生き残るべくさまざまな戦略を駆使している。

肉食獣たちは、獲物となる小動物や草食獣たちをより効率よく殺害できるよう、爪や牙などの武器を発達させ、草食獣たちは足を早くしたり群れを作ることなどで少しでも生き延びようとする。ウサギやネズミのような生物は、相当数の犠牲を覚悟のうえで、それ以上に子供を産むことで遺伝子の保存を図っている。

動物に食べられるだけのように見える植物のなかにも、トリカブトや毒キノコなど、体内で致命的な毒物を生産して対抗するものがあり、食虫植物のように逆に動物を食べてしまう種類さえいる。

各種の病原体や寄生虫など、他の生物の体内にちゃっかり住み着いてしまうものもいる。

こうしたさまざまな戦略を駆使しつつも、〈サバイバビリティ〉の劣る生物は、生存競争に負けて絶滅してしまう。

結局進化とは、〈サバイバビリティ〉を高めるためのプロセスと言えるのではないだろうか。

当然ながら、より進化した生物のほうはより高い〈サバイバビリティ〉を示すことが多い。古い生物と進化した生物とが生存競争という形で争ったときの典型的な例を、オーストラリアのタスマニアオオカミとディンゴの関係に学ぶことができる。

■四■……タスマニアオオカミとディンゴ

オーストラリアは、比較的早期に他の大陸から引き離されたため、現代の哺乳類より前に発達した有袋類と呼ばれる生物が生き延びている。

カンガルーやコアラ、オポッサムなど、オーストラリアの哺乳類は、空を飛んで他の島からやってきたコウモリと、二種類の単孔類と呼ばれるもの以外すべて有袋類であった。

このオーストラリアで食物連鎖の頂点に立っていたのが、肉食獣のタスマニアオオカミだった。

ところが約四万年前、人類と一緒にイヌがオーストラリアに渡ってきた。このイヌが野生化し、オーストラリアの大地に根付いたのがディンゴである。

同じ肉食獣であるから、両者の狙う獲物はほぼ一致する。ところがディンゴは、タスマニアオオカミに比べると動きが速く、しかも群れで行動するという新しい狩猟法を見につけていた。

つまり、肉食獣としてはディンゴのほうが進化しており、より効率よく獲物を捕らえることができたのである。逆にタスマニアオオカミの側から言うと、タスマニアオオカミはディンゴに比べ、肉食獣としての〈サバイバビリティ〉が劣っていたのである。

結局タスマニアオオカミはディンゴとの生存競争に敗れ、オーストラリアの大地から絶滅してしまった。

ディンゴとタスマニアオオカミのように、より〈サバイバリティ〉の高い外来種が従来の在来種を圧倒して生存圏を拡大する現象は、日本にも多くの例がある。

最近では琵琶湖に定置網を仕掛けると、入ってくるのはほとんどがブラックバスやブルーギルなどの外来種だというし、アメリカザリガニやセイヨウタンポポ、沖縄のマングースなども、今では日本の在来種の脅威となっている。

■五■……単細胞と多細胞

生物は〈サバイバビリティ〉を高めるために進化してきたと述べた。

ライオンやトラが牙や爪を持っているのも、それだけ獲物を獲得して生き延びる可能性を高めるためである。チーターの足が速いのも同じことである。

他方、補食される側も自分のサバイバビリティを高めるため、逃げ足を早くし、体を大きくし、また、角を生やしたりして少しでも生き延びる可能性を追求している。

カモシカがどんなに立派な角を持っていても、結局肉食獣のライオンにはかなわないかもしれない。しかしライオンの側からすると、角があるカモシカよりも角のない種類のほうがより簡単に手に入る獲物となる。じっさい、こうしたちょっとした差違が生死を左右することは意外に多いのだ。

ただここで注意する必要があるのは、進化とは必ずしも進歩ではないということである。しばしば進化と進歩とを同一視し、単細胞生物が多細胞生物となり、魚類から両棲類、爬虫類を経て、人間というもっとも優れた生物に向かって進化してきたというような言い方もされるが、生物学的にはこれは正しくない。

ハーバード大学の生物学者スティーブン・グールドは、朝日新聞のインタビューで次のように答えている。

「時代を下るにつれて複雑な生物が出現してきたのは事実です。しかしそれは進歩という推進力が働いて、より良い方向へと変化を推し進めたからではありません。……複雑なもののほうが生存に適しているとは言えず、数を見れば少数派でした。最も多い生物は三五億年にわたって常に単細胞の細菌でした。多細胞生物を見ても、最も成功しているのは昆虫なのです」

多細胞生物が単細胞生物から進化してきたからといって、多細胞生物のほうが単細胞生物より偉いとか、〈サバイバビリティ〉が高いとかは必ずしも言えないということである。

当然ながら、人類が他の生物とまったく異なる高等な生物だということも言えない。最近の研究では、人間とチンパンジーの遺伝子配列を比べると、一・二三％しか異ならないという。極端な言い方をすれば、人間は出来損ないのチンパンジーということになる。

確かに、現存の哺乳類に限って考えると、人類は最も繁栄している種と言えるだろう。しかし現在という時期まで生き延び、生命誕生以来三五億年の間遺伝子を守り伝えてきたという意味では、現存するすべての生命体は等価である。

この点を掘り下げるため、構造的にはもっとも単純な生物のはずの、ウイルスや細菌など病原体のサバイバル戦略を見てみよう。

■六■……病原体のサバイバル

フランスの生物学者パスツールが、伝染病は目に見えないほど小さな細菌により引き起こされると特定するまで、その原因ははっきりとはわからなかった。

有史以来何度も猛威を振るってきたペストは、ヨーロッパでは神の怒りとされたし、インフルエンザなどは星の影響と考えられた。

しかしパスツール以後は多くの病原体が特定され、狂犬病ワクチンや各種の抗生物質が発見された。人類はそのうち、あらゆる伝染病から解放されるという楽観的な観測も見られるようになった。

ところがそうはならなかった。

病気の原因となる細菌の側が、抗生物質に対する抵抗力を獲得し、人類の攻勢を生き延びたのである。一時は日本から消えたかに思われた結核菌なども、今や再び復活の兆しがあるという。

どうしてこのような事態が生じたのだろう。

細菌の退治に威力を発揮した抗生物質は、本来自然の生物が生成する物質である。ペニシリンは青黴《あおかび》から採取され、ストレプトマイシンは放線菌が生み出すものである。しかし自然界には、他の生物が生み出す毒物に対し抵抗力を持つ種類がたいてい存在するものだ。結核菌のなかにも、わずかながら抗生物質に対する抵抗力を持つものが存在していた。あるいは進化により、こうした結核菌が生まれたのかもしれない。

いずれにせよ、抵抗力を持たない結核菌が抗生物質によってほぼ絶滅させられてしまった結果、抵抗力を持つ細菌のみが生き残り、今や猛威を振るっているのだ。

しかもこの抵抗力は、プラスミドと呼ばれる核外遺伝子によって他の細菌にも受け継がれるという。なんと細菌たちは、プラスミドの交換という形で、敵に対抗する手段について情報交換を行なっているのだ。

結核菌については、人の免疫細胞のなかに入り込み、免疫から逃れてある程度の期間眠り、ほとぼりが醒めた頃再び活動するという特異な能力も持っている。さらにインフルエンザ・ウイルスなどは、毎年少しずつ形態が変化するため、前年のワクチンが効かなくなる。このように細菌やウイルスも、進化を早めたり情報交換を行なったりして、サバイバルを図っているのだ。

病原体と呼ばれるものには、多くの伝染病の原因である細菌以外にも、マラリアを引き起こす原虫、梅毒のスピロヘータなど、その形態に応じてさまざまな種類がある。

そのなかでも非常に特殊な生命体がウイルスである。

ウイルスの特徴は、独自の遺伝子は持っているものの、遺伝子を再生産する機能を持っていないことである。

普通の生物であれば、細菌のような単細胞生物であっても、自分の細胞内に遺伝子を複製する再生工場のような機能を備えている。この機能があるからこそ、生物は自分の遺伝子を複製し、それを子孫に伝えることができるのだ。

しかしウイルスは、自分ではそれができない。では、ウイルスはどうやって自分の遺伝子を後の世代に伝えるのだろう。

簡単なことである。他の生物の細胞にとりついて、その細胞が持つ遺伝子再生の機能を一時的に借用するのである。

この点を、前に述べたドーキンスの学説に沿って説明するとこうなる。

ドーキンスが言うように、生物は遺伝子の乗り物《ビークル》だとしよう。この乗り物は、じつは単に遺伝子を保護するだけでなく、遺伝子のプログラムに従って自分の肉体を構成するための建設機材や、遺伝子をコピーする装置も備えている。いわばコンピューター制御の完全自動工場である。

ところがウイルスが持っているのは、単に設計図だけだ。そしてウイルスは他人の工場に侵入し、自分の遺伝子の再生産プログラムをコンピューターに挿入する。するとこの工場は、ウイルスが挿入したプログラムに従ってウイルスそれ自体の遺伝子を大量にコピーしはじめる。他人の施設をちゃっかり利用して、自分の遺伝子の増殖を図る、というわけだ。

Ｔ４ファージと呼ばれるウイルスなどは、宿主である大腸菌に寄生してわずか二五分で一〇〇個の仲間を生み出すという。

もちろん、寄生される細胞の側から見ると、本来自分が持っている遺伝情報とは違うものが挿入されるわけだから、さまざまな障害が生まれる。この障害が病気というわけである。人間にとってウイルスは、インフルエンザや狂犬病、小児麻痺やエイズなどの難病を引き起こす強敵である。

一方、遺伝子複製に必要な情報以外余計な機能を一切持たず、他の生物の工場をちゃっかり利用して自分の遺伝子の保存を図るというウイルスの戦略は、ある意味では多細胞生物よりも合理的で効率的なやり方かもしれない。

このように見てくると、もっとも単純な構造の生物であるウイルスと人類と、どちらの〈サバイバビリティ〉が高いかは、一概に比較できないという気がしてくる。

多細胞生物として生きるか、単細胞のままでいるかは、単に選択の問題に過ぎないのかもしれない。

■七■……生物を襲う突発事故

生物は、与えられた環境のなかで自らの〈サバイバビリティ〉を確保すべくさまざまな形に進化してきた。

ところが、地球上の生物の歴史を見ると、ある時代に繁栄を誇っていた生物が突然絶滅してしまうことがある。当時、他の生物より高い〈サバイバビリティ〉を誇っていたはずの種が、なぜか短期間のうちに絶滅してしまうのだ。

人間に突然死というものがあるが、こうした現象は生物種の突然死とも言えよう。典型的な例が、中生代に地上を支配していた恐竜の絶滅である。

この時代、われわれ哺乳類の先祖はネズミそっくりの形態をしており、巨大な爬虫類の繁栄の陰で文字通り小さくなって生きていた。ところがいかなる理由からか、この恐竜たちが突然滅んでしまったのだ。もし中生代の恐竜の繁栄がそのまま続いていたら、現在の人類の文明など存在し得なかったであろう。

生物の突然死の実例は、恐竜だけではない。

古生物学では、ほぼ二六〇〇万年ごとに生物の大規模な絶滅が発生していることが確認されており、文字どおり「大絶滅」と呼ばれている。

特に二億五〇〇〇万年前の大絶滅はもっとも大規模なもので、当時海中に棲息していた無脊椎動物の九六%が死滅したという。この大絶滅の原因は、まだ完全には解明されていないものの、最近では隕石の衝突説が有力である。

リチャード・ミューラーらバークレーの科学者たちは、「ネメシス」と呼ばれる二六〇〇万年の長い周期を持つ太陽の伴星が、彗星の巣窟《そうくつ》である「オールトの雲」を周期的に刺激し、彗星の雨を地球に降らすためだという仮説を提唱している。

いずれにせよ、この大絶滅は地上の生物たちにはどうしようもない天文学的な原因で生じたことは確からしい。

この場合、生き延びた少数の生物は、単に運がよかったとしか言いようがない。

生き延びるには〈運〉も必要なのだ。

■八■……人類のサバイバル

補乳類に限って言えば、現在もっとも繁栄しているのは人類であろう。

人類が他の生物より偉いとか、神に近いという証拠はないが、かなり繁栄している種であることは確かだ。

人類は常時直立歩行を行ない、手を使用してさまざまな道具を作り、言語でコミュニケーションする。こうした機能を支えているのが、発達した大脳である。

最近の研究では、人類の祖先はアフリカ大陸で生まれたという。チンパンジーの祖先と人類の祖先とが別れたのは約五〇〇万年前のことらしい。

人類進化の過程では、東アフリカで生じた気候の変動が大きく影響したようだ。気候の変動により密林が草原に変わったため、人類の祖先たちは樹上から降りて地上での生活を余儀なくされた。

ところが、樹上生活の間に進化させた身体機能が、意外に地上生活でも役に立ったのだ。両手を上に伸ばす形で木からぶら下がる姿勢は、身体を直立させ、二足歩行への移行を容易にした。空いた両手は子供を抱えたり物を運ぶのに使用されるようになり、樹上生活中に他の指と対向する形になった親指は、後に石器を作ったり物を使用する際に重要な役目を果たすようになった。

一部では、人類は一時水辺で生活していたという説も唱えられている。これは、人類の祖先が水辺で貝などを採っているうちに次第に深みに入るようになり、浮力で身体が浮くことから直立歩行が促進されたとする説で、オックスフォード大学のアリースター・ハーディー教授が唱えた。この説は「人類水中進化論」あるいは「アクア説」と呼ばれ、現在はイギリスのサイエンスライター、エレイン・モーガンらが主張しているが、一般に認められるところとはなっていない。

いずれにせよ、直立歩行を行なうようになった人類は、より遠くまで移動することができるようになり、両手の指先の使用は、大脳の発達も促した。

最初にアフリカ大陸に現われた人類の祖先は、アウストラロピテクスと呼ばれる猿人である。このアウストラロピテクスには多くの種類があったことが、化石により確認されている。その後原人やネアンデルタール人が現われて、先にアフリカ大陸を出ていった。

ホモ・サピエンスと呼ばれる現代人の祖先がアフリカで生まれたのは、ミトコンドリア遺伝子の研究から、今から一五万年前くらい前のことと推定されている。

このミトコンドリア遺伝子というのは、生物の細胞内にあるミトコンドリアという組織のなかにある遺伝子で、その変異の具合を相互に比べることで、どの動物がより近い関係にあるかとか、大体どれくらいの時期に別の種に分かれたかを推定できるのだ。

ミトコンドリア遺伝子の研究からは、現代人はすべて一五万年前の一人の女性、いわゆる「ミトコンドリア・イブ」の遺伝子を共通して持っている。

つまり、「人類は皆兄弟」という標語は、生物学のうえでは事実である。肌や目の色の違いなど、ほんの表面的なものでしかない。

やがて、現代人の先祖も、アフリカを出て世界に散らばっていった。

その過程では、原人やネアンデルタール人との生存競争もあったであろう。しかし結局彼らは、より進化して高い〈サバイバビリティ〉を持つ現人類との争いに敗れて滅んだと考えられている。

その後は、むしろ歴史学の話になる。エジプトやメソポタミアなど各地に古代文明が生じ、ローマ帝国やイスラム帝国など多くの大国の興亡、産業革命などの技術革新を経て、現代の人類文明にまで達するのである。しかし、いつの世も油断は禁物である。『平家物語』ではないが、「奢《おご》れる者も久しからず」という教訓は、恐竜の悲劇からも明らかである。

南極の氷が解けたり、地殻が変動したりして地上の大部分が水に覆われてしまえば、人類もサバイバルの危機に直面するだろう。

このような状況になれば、水棲のイルカやクジラ、さらにはクラゲやイソギンチャクのほうが、人類よりずっと高い〈サバイバビリティ〉を発揮するだろう。

少なくとも、周囲に陸地のない大洋の真中に裸で投げ出された場合、人間一人の〈サバイバビリティ〉は限りなくゼロに近くなる。ところが世の中には、このような絶体絶命の危機を生き延びた人たちがいるのだ。

■九■……極限状態でのサバイバル

人生においては、時に死を覚悟せざるを得ない絶体絶命の危機に見舞われることがある。

雪山で一人遭難したときとか、地震や津波などの大災害に巻き込まれた場合、船が沈没して海上を漂流する場合など、もはや到底生き延びられないような絶体絶命の危機を「極限状態」と呼ぶことにしよう。

このような極限状態においては、人間も一個の生物として、とにかく生き延びることを目指すしかない。また、こうした極限状態でのサバイバルを考えることで、サバイバルに必要な条件、つまり〈サバイバビリティ〉を決定するものが何であるのか、はっきり見えてくるのだ。

ここでは、こうした極限状態で生き延びた実例として、二つのケースを考えてみたい。一つは、世界史上有名なバウンティ号の叛乱《はんらん》であり、もう一つは、グアム島で二八年間たった一人で生き抜いた最後の日本兵、横井庄一氏のサバイバルである。

まずはバウンティ号の叛乱である。

バウンティ号はイギリス海軍の軍艦で、叛乱当時この船を指揮していたブライ艦長は、有名なキャプテン・クックの航海にも参加したことがある。

叛乱が起きたのはフランス革命の年、一七八九年で、このときバウンティ号は、タヒチから西インド諸島までパンの木の苗を運ぶ任務に従事していた。

叛乱は、副官のフレッチャー・クリスチャンをリーダーとする船員たちが、規律に厳しいブライ艦長に叛乱を起こし、船を乗っ取って艦長に従う者を追放したという事件である。事件がフランス革命の年に起きたこともあり、自由を求める抵抗運動の象徴として歴史に残り、叛乱派の視点から映画化されたことも何度かある。

だが、本書で述べるサバイバルの主役は、船を乗っ取ったクリスチャン副官ではなく、救命ボートで追放されたブライ艦長のグループである。

ブライ艦長と一八人の船員は、小さな救命ボートで、文字どおり大洋の真中に放置された。当時この近海を航海する船舶はほとんどなく、周辺の島嶼諸国やオーストラリア北部も、イギリス人にとっては未開の地であった。

しかしブライ艦長の巧みな操船で、一行は四一日かけてチモールまで六七〇〇キロを航海し、無事生き延びたのだ。もちろん、小さな救命ボートによる航海という意味では、当時の世界記録であった。

一行は鳥やサメ、イルカなど捕まえられるものはなんでも捕まえて生のまま食らいついたという。しかしこうした状況でも、ブライ艦長は航海日誌を書きつづけ、航海した距離を計測して海図まで作っていた。こうして自分たちが今どの辺りにいるかを割り出し、あと何日でチモールに着くかを冷静に計算して生き延びたのだ。

さすがにチモールにたどり着いたときは全員骨と皮になっていたが、死者はいなかった。

これを普通の、海についてほとんど何も知らない人間が同じ状況に置かれた場合と対比してみよう。

まず操船がうまくできないであろうし、自分の位置を知ることもできない。ボートにはわずかばかりの食料はあるだろう。しかし、それを食べ尽くしてしまえばおしまいだ。せいぜい一日に食べる量を減らして波に自分の運命を乗せ、神の気まぐれのままに流されつつ奇跡的な救援を待つしかない。

当時のタヒチ周辺の航海状況を考えると、いずれ干からびて死んでしまうしかないだろう。

■一〇■……最後の日本兵、横井庄一のサバイバル

もう一つのサバイバルの実例、横井庄一氏の場合はどうだろう。

グアムの密林で、戦死とみなされてから二八年間もひそかに生存していた横井氏が発見されたのは、一九七二年のことだった。

横井氏は、旧大日本帝国陸軍第二九師団輜重部隊に所属し、グアム島で糧食や弾薬などを運搬する仕事に従事していた。

しかし、アメリカ軍の上陸でグアムの日本軍は壊滅し、上陸時には二万人いた兵力も三〇〇〇人にまで減ってしまっていた。

部隊を直接指揮する師団後方参謀の佐藤少佐は、全員玉砕を覚悟した。しかし一九四四年七月二七日、大本営から「グアム島の一角なりとも確保せよ」との命令が下った。これにより残った日本兵は、島にとどまって持久戦を余儀なくされた。

なかには降伏する者もいたが、横井伍長とその仲間たちは降伏しなかった。

しかしこれは、横井氏が戦意に燃えて徹底抗戦を決意していたからではない。むしろ逆で、アメリカ軍に捕まって裁判にかけられたり、敵前逃亡で銃殺されるのが怖かったからだという。

最初五人の部下がいたが、戦死、投降、そして仲たがいがあり、ついに横井氏は一人暮らしを始めた。生き延びるため己の持てる能力を総動員するという、たった一人のサバイバルが始まったのだ。

しかも横井氏の場合、ただ生き延びればよいというものではなかった。現地の住民に発見されるわけにもいかなかったのだ。

住まいとしては、川の近くに深さ二・五メートルほどの穴を掘った。穴を掘るための道具は、砲弾の破片で作った自家製のコテしかなく、土を手で運び出して草原に目立たぬよう捨てるという作業を毎日繰り返した。

衣服やベルトは、パゴと呼ばれる植物の皮を叩いて繊維とし、それを一本ずつ織りつないで自分で作った。この衣服の製作については、兵隊にとられる前に日本で洋服屋を営んでいた経験が役に立った。

服を繕う針も、真鍮《しんちゅう》を叩いて延ばして作り、包丁やフライパン、食器なども、手に入るあらゆる材料を工夫して自分で作った。

火は、懐中電灯のレンズで太陽光を集めて火を熾《おこ》していたが、レンズをなくしてからは火熾し棒をこすり合わせた。

早朝から夕方まで食料探しに費やし、現地人が木に登って実を採るのをかくれ見て、食べられる実を確認し、手作りのワナを川の中に仕掛けて、とにかく手に入るものを食べた。

主な食料はソテツやヤシの実、パンの実、エビ、ウナギ、カエル、カタツムリなどである。塩はまったく口にしなかった。しかも発見を恐れて、やしの実が一〇個落ちていても三個しか拾わなかったりした。

まさに自分の才能と知識のすべてを尽くした必死のサバイバルである。

■一一■……〈サバイバビリティ〉を決めるもの

これまでに見てきた生物のサバイバルや、極限状態での人間のサバイバルから、〈サバイバビリティ〉を決める基本的な要素は何か、大体明らかになったのではないだろうか。

まず最初に言えることは、生物の〈サバイバビリティ〉は、持って生まれた先天的な才能でかなり決まってしまうということである。つまり、先天的にどのような機能に恵まれているかが、その生物の生き残り能力をほぼ決めてしまうということだ。

イソップの寓話に、ライオンの真似をしようとしたロバの話があるが、結局はオオカミに食われてしまう。ロバはライオンのようには生きられないのである。

人間の場合も、海の真中に一人で投げ出された場合、助けがなければ数時間で死んでしまう。海中に数時間浸っていると手足が突然ヒレに変化したり、エラが生じたりして水中生活に適応するということはあり得ない。結局、遺伝子のプログラムにどのような機能が組み込まれているかが、その生物の〈サバイバビリティ〉を大きく規定するのだ。

これを極限状態における人間のサバイバルにあてはめた場合、先天的な身体機能の優劣ということになるだろう。

その場合まず必要なのが体力である。その人の持って生まれた体力である。

筋力や運動能力も確かに大切だが、サバイバルを大きく左右する体力とは、むしろエネルギー効率、つまりより少ない食料でより長く生き延びる能力や、薬のない過酷な状況でも重病にかかりにくい免疫力、そしてスタミナであろう。

いくら運動神経が優れていて、格闘技の才能が抜きん出ていたとしても、免疫力が劣っていれば、医者のいない無人島で病気になった場合の〈サバイバビリティ〉は低くなる。

逆に身体が小さくて喧嘩が弱くても、少ない食料で生命が維持できる体質であれば、図体はでかいが大食漢ですぐ腹を減らす人間より、わずかな食料で山中に投げ出された場合の〈サバイバビリティ〉は大きいと言えるであろう。

先に述べた横井氏の場合も、薬はまったく持ち合わせていなかった。三回ばかり激しい下痢に見舞われ、二回は血便まで出たということだが、とにかくじっと回復を待つしかなかった。

同じく生まれながらの能力でサバイバビリテイに関わるものとしては、知能程度や感覚器官の鋭さがあげられよう。

感覚器官の鋭さは、危険を少しでも早く察知するのに必要だし、知能程度は、自分が生まれて初めて直面する状況のなかで、いったい何をすべきか判断する必要に迫られる場合に大きく関わってくる。

ふたたび横井氏の例で言うと、彼は非常に夜目がきいたようだ。こうしたちょっとした才能の差が生死を分けるという状況も、人生にはあるのだ。

では、そうした能力が先天的に劣る人間は、それを補うことはできないのだろうか。

確かに、ウサギがライオンと喧嘩して勝てるとは思えないし、魚は陸上では長く生きられない。先天的な能力の差というものは大きい。

しかし極限状態における人間のサバイバルを考えると、多くの場合、先天的な能力の差は知識や訓練、事前の準備などといった後天的な要素によって十分補うことができるのだ。

たとえば、山の中で野党に襲われて銃弾を足に打ち込まれたとしよう。そのままにしておくと足の中で化膿しはじめる。

この場合、もちろん体力があるほうが医者を見つけるまで生き延びる可能性が高い。しかしそれよりも、適切な消毒法を施して弾を摘出する方法を知っているか、そしてそれに必要な器具を備えているかということのほうが大きく関わってくる。

刃物を持った暴漢に襲われた場合には、いくら身体が大きくて力があっても、何らかの格闘技の心得がなければ、無傷で逃れることは難しいであろう。

山のなかで十分な食料もなく道に迷った場合は、食べられる野草の知識が大きくものを言う。間違って毒キノコなど食べてしまえば、助かる場合も助からなくなる。

このように先天的な資質が劣っていても、後天的な知識や訓練で十分補うことができるのだ。

ただしこの知識や訓練というのは、あくまでも直面する状況を生き延びるために適したものでなくてはならない。

たとえば体力があり、運動神経が発達していて格闘技の達人なら、ナイフを持った強盗に襲われても逆に叩き伏せてしまうかもしれない。このような人物は、大都会の裏通りで強盗に襲われるという状況では高い〈サバイバビリティ〉をいかんなく発揮できる。

しかし同じ人間が、湖の真中に投げ出された場合はどうだろう。

この場合も体力はいくぶん影響するが、格闘技はほとんど役に立たない。湖のフナやナマズと喧嘩する必要はない。必要なのは泳ぎである。泳ぎを知らなければ、どんな格闘技の達人でも溺れてしまう。この場合には、身体が弱くてしょっちゅう病気ばかりしている小さな子供であっても、泳ぎさえできれば、泳げない格闘家より〈サバイバビリティ〉が高いといえる。

とはいえ、いつの場合も過信は禁物である。

一九八五年一二月、霞ヶ浦で、ある大学の附属高校のボートが沈没した事件があった。

このとき、泳ぎに自信があり、岸に向かって泳いだ三人は心臓麻痺で死亡し、泳ぎに自信がなくてボートにつかまって漂っていた三人が助かった。

ボートにつかまっていると、衣服と身体の間の水が次第に体温で温まるのだが、泳いでいると常に冷たい水が衣服の中に入ってきて、心臓に大きな負担をかけるのだ。

この事件では、泳いだ者も、ボートにつかまっていた者も、このことを知って行動したとは思えないが、なまじ泳ぎに自信があって泳ぎだした者が、結果的に死んでしまった。

知識や訓練のほかに、あらかじめ緊急事態に備えて準備しておくことも、いざという時のサバイバル確保に重要である。

大地震や台風などの発生時期を詳しく知ることはもちろん不可能であるが、事前に緊急用の食料や水を準備しておくことはできる。水と食料、それに緊急用の燃料が確保できるかどうかで、〈サバイバビリティ〉はかなり違ってくるのだ。

しかし、後天的な学習や訓練ではどうしようもない要素もやはりある。それが〈運〉である。

〈サバイバビリティ〉を決定する要素として、運というものはやはり無視できない。自分自身ではいかんともしようもないものだが、運の良し悪しは重要である。

世の中あと数日、いや数時間早く助けが来れば間に合ったのに、とか、あのときあの場所を通らなければ、と後で悔やまれる事件はかなりあるのだ。

逆に、世の中には運の良い人間がいる。

第二次大戦中、あるイギリス空軍爆撃機の射撃手は、高度八〇〇〇メートルからパラシュートもつけずに飛び降りたが、運良く雪の積もった針葉樹林に落下して無傷で生還している。

「幸運力」とでも呼ぶべきだろうか。

第Ⅱ章　人間社会での〈サバイバビリティ〉

人間社会での〈サバイバビリティ〉

▶国会議員の行動様式と酷似するやくざの世界

政治家は自分の人気を得るために、一票もらいたいために、「税金は下げます。サービスはいっぱいします」と言い続けた。特に小選挙区制になってから、あちこちにいい顔しなければならず、支持組織や団体、業界にバラマキをしなければならなかった。

……小林照幸■『政治家やめます』毎日新聞社刊

■一■……人間は社会的動物だから

「人間は社会的動物である」と言われる。

人間というものは単に一個の生物として単独で生活するのでなく、人間社会という集団のなかで生活する種族だということを意味している。

じっさい、現在の人類の繁栄も、人類が誕生以来集団を作って生活していることが大きく寄与している。

人類以外にも、群れや集団を作って生活する動物はたくさんいる。

アフリカのサバンナのシマウマやカモシカ、カツオやマグロなどの回遊魚、さらには小川のメダカまでも、大勢が一箇所に集まって集団で暮らしている。

野生動物の世界では、単独で行動しているとそれだけ危険に出会う可能性が高くなる。また、いざ危険に遭遇した場合も、近くに仲間がいるほうが心強いし、場合によっては何らかの助けになる。

集団で生活することは、動物が〈サバイバビリティ〉を高める方法の一つなのだ。

一方、群れのなかで共同生活をしていると、当然他の個体との摩擦や軋轢《あつれき》も生じる。幼稚園の園児を観察していても、おもちゃの取りあいとかおやつの順番など、ささいなことでしばしば喧嘩になる。

こうした争いが一過性のものとして過ぎ去ってしまえば問題ないが、あまりに深刻になると、集団全体の〈サバイバビリティ〉を弱めることにもなりかねない。そこでこのような争いを仲裁するような調整役や、一定の秩序が必要になってくる。

ニホンザルやチンパンジーの集団では、オスに序列がついていて、一定の秩序が保たれている。ゾウの群れにも、全体のまとめ役となる年取ったメスがいる。

人間社会も例外ではない。

社会が発展する過程で道徳や法律といった秩序が生じ、集団の指導者とか長老、魔法医など、特別な役割を演じる存在が自然発生的に生まれてきたのだろう。

このように、他の構成員より高い地位にある者は、それだけ自分の遺伝子を残すうえで有利になることが多い。

未開社会では、酋長や呪術師など特別な人間は、複数の女性と結婚できたり、他の者より多くの財産を所有したりする特権が与えられる。そうすると他の構成員に比べ、自分の子供を多く作ったり、より多くの家族を養うことができる。

現代の日本では一夫一婦制が法律で規定されており、違反すると刑事罰を受ける。金持ちであろうと総理大臣であろうと、重婚は認められない。

しかし現実には、金持ちが何人もの愛人をかこったり隠し子がいたりする例は多い。また有名政治家の子弟となると、それだけで就職に有利である。

つまり、本人が大金持ちであったり有名政治家であったりなど、何らかの特別な地位に就いている場合、本人の子孫も恩恵を受け、〈サバイバビリティ〉を高めることができると言えるのである。

そこで多くの人間たちは、社会のなかで少しでも高い地位や尊敬される職業を得ようと競うようになる。

もちろん、ヨハンナ・スピリの『アルプスの少女』に登場するハイジのお祖父さんだとか、キリスト教の隠修士、世捨て人など、周辺との関わりを一切絶って一人で生きていこうとする者もいる。

しかし大抵の人間たちは、家族や友人に囲まれて成長し、自分の生まれた町や村と一生深い関わりを持って生きていく。

その過程で、現代人は幼稚園に入る前から、いや、生まれた直後から、いやいや最近では胎教と称して、おぎゃあと生まれる以前から、社会のなかで少しでも特別な地位を得るための競争にさらされ、そのための教育を受けるのだ。

この、社会のなかでの競争は、特定個人が生物として生き延びるという意味でのサバイバルにはあたらない。しかし社会のなかで重要な地位を占めれば、それだけ生物としてのサバイバルも確保され、自分の遺伝子も多く残せるという点では、広い意味でサバイバルの一種と考えてよいであろう。

自然界での生存競争に敗れれば即座に絶滅してしまうが、人間社会内部での権力争いとか会社での出世競争に敗れても、とたんに生命の危険にさらされるわけではない。

しかし会社での出世競争に敗れると、社内で幾分か肩身の狭い思いをしたり、給料に差がついたりする。さらには、勤め先の業績が傾いた場合真っ先にリストラの対象にされるであろう。

受験に失敗したり、会社を馘《くび》になったりして自殺する人間も毎年大勢いるから、やはり生存に与える影響は無視できない。

会社人間たるサラリーマンだけでなく、自由業と称する人たちでさえ、他の人間とのつきあいや競争とは無縁でない。文筆業と呼ばれる人たちや歌手なども、ファンやプロダクション、編集者とのつきあいがあり、人気のある同業者に仕事をとられると即座に収入に響いてくる。

このように人間社会では、個人の生物としてのサバイバルと、職業上のサバイバルが複雑に絡み合っている。

そこでこの章では、各種職業における〈サバイバビリティ〉を考えてみよう。

まずは何らかの企業に勤める、サラリーマンのサバイバルである。

■二■……サラリーマンの〈サバイバビリティ〉

世の中にはいろいろな職業がある。

総理大臣や国会議員、そして普通の公務員から、作家、漫画家、弁護士、税理士など自由業と呼ばれる人たち。さらにはパチプロや雀士などのギャンブラー、掏摸《すり》、泥棒なども職業と言えるかもしれない。平和な日本とは違って、他の国には職業軍人や傭兵という危険な職業もあるし、映画や劇画の世界にはゴルゴ13のようなプロの殺し屋だっている。

しかし現在の日本では、大多数の人たちはサラリーマン、つまり何らかの組織に属して働き、その対価として生活費を稼いでいる人たちであろう。

かつてマルクスは「万国の労働者よ団結せよ」と説き、まるで『聖書』のハルマゲドンを思わせるようなブルジョワジーとプロレタリアートの最終対決を予言したが、現代日本のサラリーマンの場合、毎日普通に働いていれば、一攫千金は無理でもまず生活の心配はない。厚生年金や企業年金のおかげで、病気になったときや定年後の生活もある程度は保障されている。

もちろんそうした制度にもいろいろな不備があり、完璧ではないが、草原で狩猟生活を送り、獲物がなければ即座に飢え死にの危機に直面した原始人の感覚からすれば天国のような暮らしだろう。

個人営業の商店主や作家、大工などは、病気で働けなくなったらとたんに収入が途絶えてしまうが、サラリーマンならある程度まで休暇をもらって身体を休めることができる。その意味では、小動物が群れを作って〈サバイバビリティ〉を高めているのと同様、サラリーマンが多数の同僚とともに会社に勤めることは、むしろ生物としての〈サバイバビリティ〉を高めているのだ。

他方、企業の内部では、生物として生きていくのとは別の意味でのサバイバルがあり、それに必要な〈サバイバビリティ〉が求められている。いわゆる、企業内での出世競争に打ち勝つ能力である。

先にも述べたとおり、企業のなかで出世すればそれだけ経済的にも恵まれ、有力者との関係も強くなる。ひいては自分だけでなく、自分の子供たちのサバイバルにも有利となるのだ。

じっさいには、大企業のヒラ社員でも、零細企業の重役より多額の生涯賃金を受け取ることが多い。

そもそも企業への就職は、しょせん生物としてのサバイバルを確保する手段の一つである。その意味では、今の日本ではリストラされない程度にそこそこの業績を残していれば、一攫千金は無理でもある程度の給料は保証される。出世は無理でも、ある程度の給料をもらって定年後はのんびり年金で暮らすという人生は、ある意味では生物として理想的な生き方である。なにも過労死するまで働く必要はないのだ。のんびりと生物としてのサバイバルを追求するというのも一つの手段だろう。

こうした人生も一つの選択であり、そのような人生を選んだ人士にとって、本項で述べる意味でのサバイバルは無縁である。

しかし戦後最悪と言われる大不況のなか、大企業といえども業績が悪化し、大量のリストラを計画している。また、従来の年功序列型賃金制度や終身雇用制度を見直し、年俸制や契約制などの形で実力主義を採用する企業も増えている。

たとえばミスミという商社は「社員ひとりひとりが社内起業家を目指す」というビジョンの下で人事部を廃止、各プロジェクトごとに社内公募でメンバーを集め、特定のプロジェクトが利益を上げた場合そのメンバーに還元するという形態を採用している。この結果、六三〇〇万円もの年収を得た社員も誕生したという［「文藝春秋」二〇〇一年一〇月号］。

半導体ウエハー搬送機器大手のローツェは、部や課などの組織単位ごとに、所属する各社員が他の全員の評価を行なう新しい人事評価を導入するという［二〇〇一年一一月二六日付「日本経済新聞」］。

すでに多くの会社のボーナスでは、能力や実績によって大きな差ができている。

今や企業としても、生み出す利益以上に経費をくうような社員を雇いつづけておく余裕がなくなってきたということである。こうした傾向は、今後ますます強まっていくであろう。つまり今後は、サラリーマンとしての〈サバイバビリティ〉が一層問われるようになるということだ。

では、〈サバイバビリティ〉の高いサラリーマンとなるには、どのような能力が求められるのだろう。

■三■……出世に必要なもの

キャメル・ヤマモト氏は、人材・組織コンサルタントのワトソンワイアット社に勤務している。もとは日本の外交官という異色の経歴の持ち主であるが、ヤマモト氏はその著書『稼ぐ人・安い人・余る人』〔幻冬舎刊〕のなかで、これからは企業も、サラリーマンが雇用主たる企業にもたらす利益に応じてサラリーを支払うようになるとずばり指摘している。その給料に見合う以上の儲けを会社にもたらしてくれる人間でなければ、いわゆる「余る人」としてリストラの対象にされるということである。

ヤマモト氏の言う「稼ぐ人」は、基本的に年収一〇〇〇万円以上の収入を得るサラリーマンであり、氏自身も「稼ぐ人」を自認しているから、氏の年収も軽く一〇〇〇万円を超えているのだろう。

ともあれ、ヤマモト氏の言う「稼ぐ人」こそ、まさに〈サバイバビリティ〉の高いサラリーマンということになろう。

ヤマモト氏は「稼ぐ人」の条件として、志が高く明確である、現実を直視できる、成果へのインスピレーションが湧く、失敗しながらやりぬくタフネスを持つ、リードしリードされるのが上手、学習が早い、さらに仕事で遊んでいる、という具体的な七つの才能を挙げている。さらにヤマモト氏は、今後世界に通用するためには、世界のグローバルスタンダードである英語の能力が不可欠であることも指摘している。

英語以外の七つの才能がそれぞれどういうものか、具体的な内容はヤマモト氏の著書に詳しいが、要するに明確な目標設定ができ、その目標実現のための現実分析能力と実行力があり、失敗にもくじけず、人間関係にもたくみで、しかも自分の仕事を楽しんでいるということである。

しかし考えてみると、こうした資質はサラリーマンとしてだけでなく、起業家として成功するうえでも必要なものではないだろうか。

今や世界的な企業であるホンダや松下、さらにはソニーの創業者である本田宗一郎や松下幸之助、盛田昭夫といった諸氏、さらには世界の発明王エジソンなど、起業家として成功した人物はいずれも、自分のビジョンを明確にもち、目標実現に向けて少々の失敗にもへこたれずに努力を続け、しかも自分の仕事が趣味という人物ではないだろうか。

ヤマモト氏は、こうした才能を開花させる方法についても述べているが、やはり生まれながらの才能の差はあるだろう。誰もがアインシュタインやニュートンのような数学的才能に恵まれているわけではないように、誰もが生まれながらにサラリーマンとして高い〈サバイバビリティ〉に恵まれているわけではない。

では、そうした才能に恵まれない者はどうすればよいのだろう。

ここで、前章の最後で述べた、極限状態での〈サバイバビリティ〉を決定する要素を思い出して欲しい。

〈サバイバビリティ〉を決定するのは先天的な才能だけではない。持って生まれた能力の差は、後天的に獲得できる知識や経験、訓練、それに事前の準備などで十分にカバーできるのだ。とりわけ特定の職業分野においては、いくら天性の才能に恵まれていても、入社したての新人は定年間際の窓際族と比べてさえ、戦力としては劣るであろう。

人間社会では、やはり長年培った経験と知識、人脈などの人間関係がものを言う。言い直せば、新しい仕事を覚える際の理解力が劣るなど、先天的な才能に恵まれない者であっても、長い間の蓄積で十分挽回できるということである。

企業においては本人の能力もさることながら、それを評価する上司との人間関係も出世に大きく影響する。そこで上司にゴマをすったり心にもないおべっかを言うことも時には必要かもしれない。

なんといっても、サバイバルとは生き延びることである。極端なことを言えば、どんな手を使っても、いいいいいいいいいとにかく生き残ったほうが勝ちなのだ。

同じ理屈を企業内でのサバイバルにあてはめると、陰険な手段でライバルを陥れようが、粉飾決算などの違法行為に手を染めようが、上司におもねる分だけ部下に厳しい人間であろうが、とにかく結果的に偉くなったほうが勝ちということになる。じっさいこうした人間のほうが出世しているように感じる読者諸氏も、けっこうおられるのではないだろうか。

■四■……ネズミ男のサバイバル

この点で大いに示唆《しさ》を与えてくれるのが、漫画家水木しげるの代表作「ゲゲゲの鬼太郎」に登場するネズミ男というキャラクターである。

「ゲゲゲの鬼太郎」は、これまで多くの雑誌に連載され、四回もテレビ・アニメ化された傑作で、現在では親子二代にわたって多くの日本人の心をつかんでいる。

言うなれば、〈サバイバビリティ〉の高い漫画作品ということになる。

水木しげるは妖怪研究家としても名高く、氏の出身地である鳥取県境港市には、一九九三年に水木しげるロードがオープンし、鬼太郎や目玉おやじ、さらには仲間の妖怪たちのブロンズ像が設置されている。もちろんネズミ男も、しっかり銅像になっている。

このネズミ男というキャラクター、他の漫画家の作品にも似たような人物は登場するが、その性格の完成度において右に出る者のない名脇役であろう。

おっちょこちょいでお調子者で臆病なくせに、プライドが高くて普段は妙にいばっている。そのくせ強い相手には徹底的にゴマをすって取り入ろうとし、時には相棒の鬼太郎だって平気で裏切ってしまう。

けっこうあちこちにいそうなタイプだが、あまり友達にはしたくない性格だろう。

しかし、どことなく憎めないのだ。

その原因は、彼が徹底して自分のサバイバルを追求しているからであろう。

鬼太郎のように、他の誰にも優る超能力の持ち主なら、敢然と自分の生き方を貫くこともできる。しかしネズミ男は半妖怪で、恐るべき口臭と、超不潔な環境でも生きていける以外にはたいした才能もない。腕力は普通の人間に比べてさえ劣るし、本人は頭脳派を自称しているものの、それほど頭が良さそうにも見えない。

このような人間（妖怪）が生き延びていくにはどうしたらよいだろう。

一つの方法が、強い友人を作ることである。

何のことはない、「トラの威を借るキツネ」というやつだが、自然界にもこうした生物はけっこういるのだ。

たとえばクマノミという小魚は、他の生物が恐れて近づかないイソギンチャクと友達で、敵に追われるとイソギンチャクの有毒の触手のなかに逃げ込む。イソギンチャクの毒はクマノミには効かないのだ。

サメなどの巨大な魚に文字どおりくっついて暮らすコバンザメという生物もいる。

弱い者が強い者に接近して自己のサバイバルを図るというやり方は、自然界でも確立されたものなのだ。

クマノミにとってのイソギンチャクと同様、ネズミ男には鬼太郎という頼もしい相棒がいる。しかし、鬼太郎もかなわないような強敵が現われたら、ネズミ男はどうするだろう。ためらいなく鬼太郎を裏切って敵方につくだろう。

これも力のない者が生き残るための手段の一つである。ネズミ男は、常に自分のサバイバルを優先して生きているのだ。

ネズミ男は、漫画に登場する架空のキャラクターである。現実には、さすがにこれほど節操のない人間はいない、と思うかもしれない。しかし、時と場合によっては誰でもネズミ男のような行動をとるかもしれない。

特に、票に結びつくことなら何でもやり、選挙で当選するためなら所属政党だってひょいひょいと替える国会議員など、ネズミ男にかなり近いのではないだろうか。

■五■……国会議員のサバイバル

国会議員とは、いったいどういう人種であろう。また、人は何を目指して議員になるのだろう。

なかには、有力政治家の子に生まれ、自分の人生を歩もうとしていたのに父の急死でやむなく地盤を引き継いだ者もいる。真剣に天下国家の行く末を案じ、自分の国を、社会を、少しでも良い方向に導きたいという崇高な理念に燃えて政治家を志す者もいるだろうし、単に権力や肩書きのみを望んだり、地元有力者の操り人形となって利益を誘導する議員も実在する。

ただ、現在の日本では終身国会議員の制度は認められないから、国会議員が議員でありつづけるためには、選挙に当選しつづけなければならない。

巷間言われるように、「サルは木から落ちてもサルだが、国会議員は選挙に落ちたらただの人」なのだ。

当時の青木幹雄官房長官は、二〇〇〇年八月三一日付日経新聞でこう述べている。「政治家の頭のなかの八〇％から九〇％を占めているのは選挙とカネの問題である」と。

その意味で国会議員は、自己のサバイバルにもっとも敏感な人種と言えるだろう。

じっさい国会議員たちは、日夜サバイバルのために身を削るような奮闘をしているのである。もちろんここで言うサバイバルとは、国会議員が議員でありつづけること、つまり国会議員としての職業上のサバイバルである。

議員たちの具体的な行動は後に見るとして、まず、ある国会議員の例をあげたい。

この人物は、東大法学部を卒業して一旦当時の大蔵省（現財務省）に勤め、早くから政界に転身して自民党から衆議院議員に立候補し、当選した。自民党内でもきっての理論派として知られ、民放の討論番組の常連でもあった。自らのブレーンを集めて政策研究を行ない、自民党の政策をわかりやすく語ることで人気があった。

しかし現在の日本の政界では、このような真剣な政策論争は必ずしも党内での地歩を固めることにはならない。結局この議員は一九九三年の自民党分裂の際離党し、その後の選挙で落選の憂き目を見た。

数年後、無所属で公明党の支持を得て参議院議員にかえり咲くことができたが、今では選挙で当選することのみにその能力の大部分を費やしているようだ。かつて日本の将来を真剣に論じ、明確なビジョンを持っていた論客がこうした状況にあることは、日本の選挙制度上しかたのないこととはいえ、残念なことである。

■六■……議員とやくざの出世街道

ではここで、一介の新人代議士が、たとえば日本の総理大臣の地位にまで登りつめるためには、どのような階梯《かいてい》をたどるのか見てみることにしよう。もちろん、本人が国会議員として選挙で当選しつづけ、その地位をずっと保っているということが前提になっている。

いわゆる五五年体制の下では、日本の総理大臣は自民党総裁が兼任してきた。一九九三年六月の宮沢内閣不信任決議案可決以後は、自民党以外の政党に属する総理大臣も何人か誕生したが、いずれも短命に終わり、現在はふたたび自民党総裁が総理大臣を拝命している。

そこで、以下に述べる国会議員の出世街道も、いちおう五五年体制にもとづいたものであることを断っておく。

日本国憲法第六七条の規定により、日本の総理大臣は国会議員でなくてはならない。そして先に述べたように、多くの場合総理大臣は自民党総裁が兼任しているから、自民党議員でないと総理大臣になるのは難しいということになる。

自民党の議員になると、たいていは党内にあるいずれかの派閥に所属することになる。一時は派閥の解消が叫ばれたものの、名前は消えても実態として存続しつづけており、新人時代からいずれかの派閥に属するという状況に変わりはない。

派閥は、新人議員に議員としてのサバイバル術を教授したり、毎年末のモチ代と称する現金の供与、さらには選挙費用や選挙活動の支援など、さまざまな形で新人議員の面倒を見てくれる。

なにしろ選挙には莫大な金がかかるし、新人議員にとってはそのような大金を自前で調達するのは難しいから、派閥の支援は本当にありがたいものである。

一方新人代議士は、ことあるごとに派閥の有力者の指示に従う必要がある。

またこの頃の新人議員は、他の政党の議員が演説を行なっているときにヤジを飛ばしたり、強行採決の際には議長を議場から担ぎ出したりなど、かなり肉体的な作業をこなす場合もある。

当選二、三回になると、各省庁の政務次官とか、常任委員会理事などの役職があてがわれるようになり、四、五回当選を重ねると、常任委員長や、何人もいる党副幹事長の一人などに任命される。

大臣になるのは、さらにこの後である。

しかしこの頃にはもう、派閥のなかである程度の位置を占めるようになっており、自分の舎弟ともいえる若手議員も何人か周辺に集めている。

そして最終的には、派閥の長の座を禅譲されたり、自ら新しい派閥を作ったりして領袖となるのだ。

こうして、自派の派閥内、あるいは他の派閥との力関係のなかで、党内の多数の支持を得た者が自民党総裁となり、日本の総理大臣となるのである。

しかしこうした政治家の出世コースを見ていると、一見まったく違う世界での出世街道とよく似ていることに気づく。

やくざの世界での伸《の》し上がり方とそっくりなのだ。

やくざになるには、まずいずれかの一家の舎弟となり、正式には組長と親分子分の杯を交わす必要がある。当選するといずれかの派閥に属する自民党議員とそっくりである。

もっとも、自民党自体一つの政党であり、派閥はそのなかの小グループであるが、日本にも山口組とか稲川会とか、傘下に多くの組を抱えたものがあるから、このように例えてもそう的外れではないだろう。

自民党代議士ややくざのなかにも、時には派閥に属さない一匹狼という者がいるが、やはり非常に少数派である。

やくざは、若いうちは兄貴分の言うままに地回りをしたり、他の組との抗争で鉄砲玉と呼ばれる先兵のような危険な役目を果たさなくてはならない。時にはムショ暮らしも経験する羽目になる。

この辺りも、最初は派閥の領袖の舎弟のような身分で、地元の票固めに走ったり、野党議員の演説にヤジを飛ばす新人議員の姿とだぶってくる。選挙資金を集めるために違法すれすれの行為ばかりか、時には本当に法律違反をやらかす政治家は多い。

自民党議員が当選回数を重ねるにつれ、各省庁の政務次官や常任委員会理事、常任委員長、大臣と出世していくように、やくざの場合も組内である程度認められると兄貴分となり、若頭や代貸などと出世していく。

そして政治家が派閥の長の座を譲られたり、自ら新しい派閥を作ったりするのと同様、やくざの場合も組長や大親分から組を譲られたり、自らの一家を起こしたりして晴れて組長となるのだ。

やくざも大物になってくると、若い頃の凶暴さはむしろ影を潜め、一種の貫禄さえ漂わせるようになるが、政治家とやくざの世界を比べてみると、伸し上がって偉くなるのはどちらの世界でも同じような人種ではないかという気がしてくる。

いずれも実力だけでなく、かなりはったりがものを言う世界であり、年功序列も強く残っている。そして非常に日本的な世界なのである。そしてどちらも、自分のサバイバルというものを強く意識させられる世界である。

自民党議員とやくざの結びつきは、何らかのスキャンダルがあれば必ずと言っていいほど出てくる問題であるが、どちらも同じ人種であればウマが合うのは当たり前だろう。従って両者とも、お互いの力量を認めることができるのだ。

小林照幸著『政治家やめます』〔毎日新聞社刊〕には、竹下派分裂をめぐって心が揺れる主人公が元議員の父親を訪ねたとき、父親がいみじくもこのように答える場面が出てくる。

「政治の世界もな、義理と人情なんだぞ」

もっとも、日本のやくざが義理と人情を重んじたのは、相当昔のことである。

■七■……サバイバルのための活動と能力

では、国会議員として生き延びていくためには、具体的にどのようなことをする必要があり、どのような能力が求められるのだろう。

前述の『政治家やめます』には、その辺りが包み隠さず記されている。

本書は、ある日突然父親の後継者として自民党から立候補することとなった久野統一郎議員が、けっきょく自分は政治には不向きであるとして辞めるまでを描いた異色のドキュメンタリーである。

本書によれば国会議員の日常は「金帰火来」の言葉どおり、金曜日の夜に選挙区に帰り、火曜日の朝には永田町に出勤する毎日である。

土曜、日曜、月曜も休んでいられるわけではなく、選挙区内の行事があれば必ず顔を出す。盆踊りや運動会、ゲートボール大会、さらには地元の結婚式や葬式など、多いときは一日一〇〇件もの行事をこなすという。

人が集まる場所にはとにかくまめに顔を出して、名前と顔を売っておくのだ。

そのため自家用車のなかには、冠婚葬祭に合わせた白と黒のネクタイ、祝儀袋や香典袋、筆ペンや数珠などが常備してあり、車内で着替えまでする。

そうした行事の合間を縫って、地元の支持者への挨拶回りをする。風邪をひいて熱にうなされているときでも、重要な支持者の集まりには熱さましを打ってでも出かけていく。

さらに主人公の久野議員は、宗教票獲得を目指して、公明党の支持母体である創価学会以外のすべての宗教団体に形ばかりの入信をする。もちろん関連行事があれば必ず顔を出して挨拶をする。

外遊すれば、訪問先から選挙区の支持者に大量の絵葉書を送る。

この絵葉書も、じつは日本で手に入れて持参するのだが、選挙区民ははるばる外国から地元の代議士先生が絵葉書をくれたと感激するのである。時には訪問先の日本大使館員が宛名書きの手伝いに借り出されるという話も、外務省関係者の間ではよく知られている。

選挙区の住宅地図が改訂されるとそのたびに購入し、支持者の家庭には印を付けておく。所用があって近所を訪れたときには、必ず顔を出すのだ。さらに選挙区をまわるときには、どんなに疲れていても目を覚ましていなければならない。選挙区で居眠りしていたという風評でさえ、票に差し支えるのだ。

こうした行動は、選挙期間中の話ではない。一年三六五日を通じてずっとこうした日常なのだ。おまけに選挙期間中は、一日じゅう選挙カーに乗ってひたすら手を振り、お辞儀を繰り返して支持を訴えるのだ。

それもこれも、すべては選挙のためである。選挙で当選し、国会議員として生き延びるためである。選挙で一票でも多く獲得するため、日常をこうした涙ぐましい努力に費やしているのだ。

しかし選挙区民は、日本の将来を本当に託すことのできる人間が誰か、真剣に熟考したうえで投票するとは限らない。票には組織票もあるし、腐れ縁で投票せざるを得ない場合もある。さらには恐喝や買収など犯罪がらみの票だってある。とはいえ、どんな票であれ一票は一票である。

今の日本、特に地方においては、地元への利益を誘導する政治家というのが票の獲得に大きくアピールできる。他方、地元の支持団体が特定の政治家を応援するのも、けっきょくは何らかの見返りを期待してのことである。

『政治家やめます』の主人公である久野議員も、中部国際空港整備事業や愛知万博開催には疑問を持っていたのだが、地元の支持者の手前口に出すわけにいかなかった。

なにしろ国会議員として先に述べた活動を続けようとすれば、それなりに金がかかる。

永田町にある議員会館の公設秘書二名に対しては国から給料が出るが、他に私設秘書も雇う必要があるし、地元の事務所にも秘書や事務員を置かざるを得ない。

こうした諸経費で、年間五〇〇〇万円はかかるという。よほど裕福な家庭に生まれない限り、とても自前ではまかなえない。そこで地元企業や支持者の献金に頼ることになるのだが、一度大口の献金をもらうと、もうそのスポンサーの意向には逆らえなくなるのだ。

では、国会議員として生き延びるため、これまでに述べたような行動をするにはどういった才能が必要だろう。

まず、ある程度の体力が必要なのは言うまでもない。

人並みはずれた、とまでは言わないまでも、ほとんど休む暇もなく活動を続けられる人間である必要がある。また、国会でいったん記名採決が始まると議場の外には出られなくなるから、野党が牛歩戦術など始めると徹夜で議場に詰めたりすることにもなる。

事実、国会議員は意外に体力派が多く、元プロスポーツ選手だけでなく武道の有段者も多いようだ。

もちろんある程度の頭脳も必要だが、選挙運動中のキャッチフレーズや演説の案文作りは、たいていの場合専門のゴーストライターが作ってくれるから、自分で頭を悩ます必要はない。洗練された教養などは必ずしも必要ではないだろう。

それよりも大事なのは、一度見た人の顔と名前を記憶する能力であろう。以前会ったことのある重要な支持者の名を思い出せないようでは、政治家として失格である。

そして政治家として生きていくためには、もう一つ大切な才能がある。

■八■……道化になりきる才能

「とんだ道化だな」

『政治家やめます』を一読した後、最初に頭に浮かんだのが、じつはこの言葉だった。

この台詞は、一九八八年の松竹のアニメ映画「機動戦士ガンダム・逆襲のシャア」で、敵役のシャア・アズナブルというキャラクターが口にしたものである。

「機動戦士ガンダム」のアニメ・シリーズは、一九七九年の第一作放映以来二〇年以上にもわたって多くの新作や劇場用映画が製作され、プラモデルやテレビ・ゲームも相当売れた作品である。つまり、〈サバイバビリティ〉の高いアニメ作品ということである。

一九七九年の第一作で用いられたキャッチコピーは、「君は生き延びることができるか」というものだったから、本書で提案している〈サバイバビリティ〉の概念をすでに先取りしていたとも言えよう。

とにかく、このシリーズ最初の敵役として第一作から登場しているシャア・アズナブルという男、頭も切れるし度胸もある。モビルスーツと呼ばれる巨大ロボットの名パイロットで「赤い彗星」と異名をとり、おまけにとんでもない美男ときている。アニメ映画のヒーローの典型と言ってしまえばそれまでだが、これだけなんでも備えていれば、人生何をやっても成功するだろう。

「とんだ道化だな」という台詞は、シャア・アズナブルがネオ・ジオン帝国という国家の総裁として、敵対する地球連邦政府に向けた演説を行なった直後に、なかば自嘲気味に口にしたものである。シャアのような人間にとってこの種の演説は、行なう前から結果の知れた猿芝居に過ぎなかった。しかし人間社会でのサバイバルのためには、時に道化に徹することも必要なのだ。

特に政治の世界では、この種の道化芝居が著しい。

たとえば、国会開会中毎日テレビで中継されている国会審議は、質問前からお互いのやりとりが決まっている茶番である。国会審議で質問に立つ議員は、あらかじめ質問内容を関係省庁に通知することになっており、質問を入手した官僚たちは、当たり障りのない答弁を作文して事前に大臣に渡しておく。つまり、質問する側も答える側も、台本を読み上げるだけの学芸会なのだ。

選挙運動中の申し合わせたような白手袋とたすき、当選が確定したときのダルマの目入れ、ハッピ姿の鏡開き、夫婦そろっての土下座と万歳三唱など、どれをとっても白々しい道化の所作である。

しかし政治家には、こうした道化芝居を悪びれずに演じきる心臓も必要なのだ。

政治家だけではない。

得意先の理不尽な要求に笑顔で従う営業マンとか、上司に責任を転嫁されて頭を下げてみせる部下、ご機嫌とりのため上司にゴマをすったり宴会の場でわざとおどけてみせるサラリーマンなど、世の中には道化となることを求められる場面が少なからずある。

結局、久野統一郎議員は、この道化になりきる才覚が足りず、またネズミ男のように無節操になりきることもできなかったのだ。

その意味でやはり、同議員は政治家としての〈サバイバビリティ〉を欠いていたと言うべきだろう。

■九■……芸能人のサバイバル

政治家と同様、自己のサバイバルを強く意識している人種として、プロ・スポーツ選手や芸能人が挙げられる。

プロ・スポーツの世界は、まさに実力と実績の世界であり、選手たちは結果を残すために日々血のにじむような努力を続けている。

それに対し芸能界は、実力だけでは測りきれない世界である。

芸能界は一見華やかで、テレビにしばしば顔を出して日本じゅうの人に顔を覚えてもらえる一方、裏では激しい足の引っ張り合いもあり、人気が落ちればすぐにブラウン管から消えてしまう。かつて人気絶頂だった歌手やタレントが今どうしているかという特集は、週刊誌の定番企画の一つである。

いや、このように週刊誌で昔日の栄光を回顧してもらえる芸能人はまだましなほうで、一生陽の当たらぬ道を歩き、人知れず引退していく芸能人のほうが多いのだ。

一方で宇多田ヒカルやモーニング娘。のように、若くしてスターダムに登りつめる芸能人もいるし、吉永小百合のようにデビュー以来ずっと第一線で活躍している女優もいる。

それまで売れなかった芸能人が、ある日突然人気が出るという現象もある。

現在は歌謡界の大御所として活躍している五木ひろしも、一九六四年のデビュー以来長いことヒット曲に恵まれず、一時は引退を考えたこともあるという。

芸名も最初の松山まさるから、一条英一、三谷謙と変え、最後に五木ひろしとして歌った「よこはま・たそがれ」(一九七一年)がヒットしてやっと陽の目を見たのだ。

芸能人が売れるためには、実力はもちろん必要である。そのためには才能と努力が不可欠である。しかし芸能人として生きていくためには、実力以外に人知を超えた運の占める要素、いわば〈幸運力〉が強いかどうかが大きい。

一九七一年に突然ヒット曲に恵まれた五木ひろしの場合も、その時点で急に実力が備わったとは思えない。じっさい彼は、この直前に「全日本歌謡選手権」という民放の歌番組で一〇週勝ち抜くという実力を見せているのだ。

しいてあげれば、この年五木の運気が変わったとでも言うほかない。

■一〇■……さくらと一郎の幸運力

もう一組の歌手を例に、芸能界でのサバイバルに運がいかに重要かを考えてみよう。

一九七五年に「昭和枯すすき」という曲が、その年最大のミリオンセラーとなった。この曲を歌っていたのが、さくらと一郎という演歌のデュエットである。

この曲がどのようにしてミリオンセラーになったか、その経緯は作家の久世光彦が月刊誌「諸君!」の二〇〇一年九月号から一一月号にかけて詳しく述べているので、以下はその記述に従う。

さくらと一郎は、「昭和枯すすき」にめぐりあったとき、コンビ結成から何年も経っていた。このコンビはそれまで一向に売れず、この曲が売れなかったら廃業するつもりだったという。

しかし、後にミリオンセラーとなるこの曲も、発売当初の売れ行きはかんばしいものではなかった。

二人は、一枚でも売ろうと必死のキャンペーンを続けた。

唐草模様の風呂敷に包んだシングル盤を背負って各駅停車の電車に乗り、一駅ごとに駅前の商店街でこの曲を熱唱したのだ。それでも日に一枚か二枚しか売れず、三食コッペパンと水だけということもしばしばだった。

このような二人に転機をもたらしたのが、久世光彦との出会いだった。

久世は当時、TBSで「時間ですよ」などの人気番組を担当するプロデューサーだった。彼は、赤坂の「京極」という行きつけの雀荘で、たまたま二人の歌を聴いた。

久世は、ふと耳にしたこの曲が気になってならなかったという。その原因として久世自身は、演歌なのに男女でハモっていたこと、そして歌詞の内容が途方もなく暗く、救いようのないものだったことの二点を挙げている。

久世は、音楽プロデューサーやレコード会社のスタッフに、この曲のことを訊ねてまわった。しかし売れない歌手のうたう売れない演歌である。誰もそのタイトルを知らなかった。それでも、敏腕プロデューサーの久世のことである。なんとかして曲のタイトル、そしてうたっている歌手の名前をつきとめた。

ここで二つの偶然が重なる。

当時久世は、従来手がけていた「時間ですよ」のマンネリを打破するため、思い切って舞台を昭和初年に移した新シリーズ、「時間ですよ・昭和元年」を企画していた。しかも「時間ですよ」のシリーズには、伝統的に悲恋の男女が登場することになっていた。

番組のタイトルは「時間ですよ・昭和元年」、そして曲のタイトルは「昭和枯すすき」、おまけにこの曲の歌詞は救いようのないほど暗いものである。

番組に登場する悲恋の男女（細川俊之演じる兇状持ちのやくざと安田道代演じる吉原の足抜け女郎）のテーマソングとして、これ以上ふさわしいものがあろうか。

久世はこの曲を番組の挿入歌に採用し、細川俊之と安田道代が登場するシーンで繰り返し流した。

はたしてこの曲は、翌一九七五年になって大ブレイクしたのである。

もし久世プロデューサーが雀荘でこの曲を耳にすることがなかったら、あるいは曲のタイトルに「昭和」という文字が入っていなかったら、番組の挿入歌として採用されることはなかったかもしれない。そうなるとさくらと一郎のコンビも、人々に記憶されることなく、売れない歌手としてひっそりと廃業していたであろう。

二人のヒット曲はけっきょくこの一曲だけである。しかし二人は、コンビは解消したものの今でもこの曲を歌いつづけているという。

■一一■……受験戦争とサバイバル

現代の日本人は、幼い頃から激しい競争のなかに身を置いている。

学校で他の同級生より良い成績を修め、良い中学、良い高校を経て、よりレベルの高い大学に入学するという、受験戦争というやつである。

受験戦争に敗れ、必ずしも希望していない大学に入学したからといって、即座に生命まで奪われるものではない。

とはいえ、受験に失敗して自殺する学生は毎年かなりいるし、自分の娘より良い幼稚園に入ったことが原因で他家の女の子を殺す親まで出てくると、事態は深刻である。

ではなぜ、レベルの高い大学に入ることが、人生を左右するほどの一大事となるのだろう。

受験戦争の場合、親の見栄という要素は否定できないし、子離れできない親が子供の達成を自分のことと同一視するという側面もあるだろう。また、自分が本当に学びたいことをちゃんと学ぶには、それなりの実績のある教授陣をそろえた大学のほうが良いに決まっている。

一方で現代の日本では、いわゆる一流大学を出て、高収入の見込める安定した職場に就職することが、社会的な意味でのサバイバルにおいて有利であることも確かだ。

もちろん、一流大学の卒業生が社会に出て必ずしも優秀な成績を修めるとは限らない。しかし、一流企業の役員名簿を見れば、旧帝国大学系の有名国立大学や一流私大出身者が圧倒的多数を占めている。どんなに奇麗事を述べようと、これが客観的な現実であり、現代日本の社会システムのなかでは、ちゃんとした大学を卒業できるような人間でないと既存組織で要職に就くのは難しいということだ。

こうした傾向がもっとも著しいのが、中央官庁のⅠ種職員、いわゆるキャリアと呼ばれる人たちである。

一般職国家公務員の総数は、約八一万人と言われる。このうちキャリアと呼ばれるⅠ種職員は、約二・四%に過ぎない。しかし、中央官庁で課長、局長以上の幹部となるのは、ほとんどがこのキャリア職員である。

キャリア職員は毎年六〇〇人近くが採用され、四、五年で係長、一〇年前後で課長補佐、二〇年も経てば大体が課長になる。

公務員であるから、給料も最初は低い。しかし年次を経るとともに順調に出世していくから、課長になる頃にはゆうに民間の同期生に匹敵する収入を得るようになる。おまけに天下りを繰り返せば、在職中以上の厚遇が期待される。

こうして、社会的地位のみならず金銭面でも、一生保証された生活を送ることができるのだ。いつ倒産するかわからない中小企業で、薄給で夜遅くまで働くサラリーマンと比べれば、彼らがいかに恵まれているかすぐにわかるだろう。

そしてキャリア職員として中央官庁に就職するには、毎年一度の国家公務員採用Ⅰ種試験に合格する必要がある。

この試験は、年齢制限以外には学歴や性別は不問であるから、別に大学を卒業していなくても受けることができる。しかし合格者の半数以上が東大出身者であるのをはじめ、旧帝大系国立大学や有名私大出身者が合格者の大半を占めているのは事実だ。

もちろん、有名大学出身でなければⅠ種試験に合格できないということではない。むしろ有名大学に合格できるような優秀な人間だからこそ、Ⅰ種試験合格者の比率も高いということだろう。

事態は公務員だけに限らない。

大多数の企業では、高卒者と大卒者では賃金体系が異なるし、中央官庁のキャリア職員制度にならって、本社採用の幹部候補生とそれ以外の社員の採用を密かに分別している企業も意外に多い。

一八歳のある一日で、その後の人生がほぼ決まってしまうという状況が、日本では今も生きている。

裏を返せば、有名大学に合格できるということは、人間社会での〈サバイバビリティ〉を証明する材料の一つとなるのだ。けっきょく、受験戦争に勝ち抜く能力も、一種の〈サバイバビリティ〉と言えるのである。

では、受験戦争に勝ち抜くにはどういった能力が必要だろう。

こと学問や習い事ということになると、やはり先天的な頭脳の良し悪しの差は大きい。じっさい世の中には、さほど勉強しなくても試験で良い点数をとる人間がいるのだ。

しかし小学校から、いや幼稚園時代から一〇年以上もかけて大学受験に備えるという体制のなかでは、幼い頃から毎日塾に通う生活に耐えられるかどうかという性格的な要素も重要であろう。

しかも、幼い頃から受験に備えて特別な教育を施すには、親のほうもそれなりの支出を強いられる。そこで、親の経済状態も影響してくる。

じっさい、日本で最難関とされる東大生の親は半数近くが管理職で、平均年収は一般の平均を上回るというデータもある。

ある程度の社会的地位と年収を誇る家庭の子女が有名大学に入り、やはり高い収入と社会的地位の保証された職業に就くという一種の階層分化が、日本ですでに生じているのである。

第Ⅲ章　企業とモノの〈サバイバビリティ〉

■第Ⅲ章■……

企業とモノの〈サバイバビリティ〉

▶南太平洋戦線で撃墜されたゼロ戦

五年にわたる調査で、さまざまな発見があった。
意外な発見や常識が間違いであることを示す発見がいくつもでてきたが、
そのなかでもとりわけ重要な発見はこうだ。
ほとんどどの組織も、この調査から導き出された枠組みを適用して努力を続ければ、
地位と実績を大幅に向上させることができるし、
おそらくは偉大な組織になることすらできる。

……ジェームズ・C・コリンズ■『ビジョナリー・カンパニー2飛躍の法則』日経BP社刊

■一■……無生物のサバイバル

サバイバルと〈サバイバビリティ〉の概念が適用できるのは、生きて活動している生物の生存競争やサラリーマンの出世争い、受験戦争だけではない。
戦場で戦う戦闘機は、空中戦の性能が悪ければ撃墜されてしまう。近所のデパートやスーパー、コンビニなどの棚に並ぶ商品も、他の会社のよく似た商品と売れ行きを競っており、売れ行きが悪ければすぐに消えてしまう。

われわれの日常生活用品のなかでも、五右衛門風呂や蓑、蛇の目傘、ガリ版や大八車、リヤカー、手押しポンプ、三輪トラック、目打ちという穴あけ道具など、いつのまにか見かけなくなった品物は多い。いずれも、同じ目的に使用される、より進化して使いやすい道具との生存競争に敗れて消えてしまったのだ。

書類に穴を開けるには、目打ちよりもパンチのほうが早くて正確、おまけにきれいだ。ワープロやパソコン、コピー機の普及した今となっては、手間のかかるガリ版を使う人はほとんどいない。温水器と一体化した風呂釜のほうが、五右衛門風呂に比べいつでも熱いお湯が出るという利点に恵まれている。だいいち煙突から出る煙など、今では近所迷惑だろう。

往来を走る自動車だって、毎年新しい型が発表され、古いものはいつのまにか路上から姿を消してしまう。

野菜や果物など農産物でも、昔はどこにでも売っていたのに今は目にすることのないものがある。

マクワウリなどは、かつて日本の夏の風物詩の一つであったが、メロンとの競争に敗れてほとんど見られなくなった。国光という小ぶりで酸っぱいリンゴも、フジなどの大きくて甘いほうが好まれるためあまり栽培されなくなった。

逆にグレープフルーツやキウイなどは、本来外国から導入されたものであるが、今ではどこの果物屋でも売っている。

商品の世界にも、やはり生存競争が存在し、栄枯盛衰があるのだ。

宗教とか言語、さらには服装などでさえ例外ではない。

古代ローマで、シーザーやブルータスが身につけていたトーガを日常着ている人など、今では皆無と言ってよいであろう。日本の着物だって、もはや一部でやっと命脈を保っているのみだ。趣味で頭髪を束ねる程度の人は時々いるが、江戸時代の侍のように、頭の天辺を剃ってちゃんとしたちょんまげを結って生活している人は、時代劇のなかでしか見かけない。

古代エジプト語やシュメール語は、現在考古学の世界で学習されるのみだし、イエス・キリストが話していたというアラム語も、ほとんど絶滅の危機に瀕している。

さらには、古代ギリシャのオルフェウス教、古代ローマのミトラ神教など、かつて大きな影響力を誇っていた宗教でさえ消えてしまったものもある。

自然界にまで視点を広げれば、かつての日本でどこにでも見られた里山の風景は、もはや消えかけている。そして太陽などの天体にも、やはり誕生があり、死があるのだ。

このように見てくると、サバイバルと〈サバイバビリティ〉の概念は、この世に存在するものすべてに適用できそうだ。

■二■……企業のサバイバル

無生物のなかでも、比較的生物のサバイバルと比べやすいのが、市場で同業他社と競っている企業のサバイバルであろう。

そもそも企業とは何だろう。

一口に企業といっても、個人企業もあれば都営地下鉄などの公営企業もある。しかし企業のほとんどは、会社と呼ばれる組織形態をとり、いわゆる会社法の規定により設立されたものである。

会社法とは、商法の会社編と有限会社法を合わせた呼び方で、商法は株式会社の他合名会社、合資会社について規定し、有限会社法は有限会社について規定している。じっさいには合名会社や合資会社は数が少なく、有限会社も小規模なものが多い。そこで本章で述べる企業についても、ほぼ株式会社のことと考えてもらってよい。

企業にもいろいろな種類がある。

物を生産し、それを売って利益を上げる企業は製造業と呼ばれる。流通を司るのは運送業で、他にも物資売買の仲介をして手数料を稼ぐ商社、ホテルや観光等のサービスを提供して代価を稼ぐ観光業などと呼ばれるものもある。

一般的には農林水産業を第一次産業、鉱工業や建設業を第二次産業、それ以外を第三次産業と分類する。

この三種の産業のなかでどれが優勢かも、時代によって異なる。

第一次産業たる農業は、人類の文明発祥以来数千年にもわたり、人間社会の主要産業でありつづけた。二〇世紀初頭になってもなお、世界の貿易産品の七〇%は農産物が占めており、先進諸国のGNPでは農業が最も大きなシェアを誇っていた。

しかしその後すぐに第二次産業が優勢となり、現在先進国では第三次産業の比率が増している。

日本の例でみると、一九五〇年には第一次産業就業者の割合が四八・三％を占めていたのに、一九九四年には五・八％に低下している。逆に第三次産業従事者は一九五〇年の二九・七％から一九九四年の六〇・三％へと倍増している。

このように第一次産業の従事者が減り、その代わり第三次産業従事者が増えるというパターンは、先進国に共通して見られるものである。そのため、先進国と発展途上国とをこうした産業構造の状態で分ける見解もある。

第二次産業に属する個々の業種にも、やはり興隆と衰退とが見られる。

たとえば日本の場合、明治維新直後の新政府を支えたのは絹織物などの繊維産業であった。しかしその後は、同じ製造業でも鉄鋼業が主要な産業となり、戦後は電気製品や自動車などが主な輸出商品となって経済成長を支えた。

しかし現在、鉄鋼業は発展途上国との価格競争に疲弊し、ＮＫＫ・川崎製鉄と新日鉄陣営の二つのブロックでの再編が進んでいる。

自動車業界や家電業界も、業績不振から国内工場を閉鎖するところが多くなり、一時期日本経済再生の切り札として期待を集めたＩＴ産業でさえ、業績悪化に苦しんでいる。しかしこのような大不況のなかでも、リコーやホンダ、トヨタのように利益を上げている企業もある。

逆境においてこそ、〈サバイバビリティ〉の差が大きくものを言うのだ。

■三■……〈サバイバビリティ〉の高い企業とは

では、〈サバイバビリティ〉の高い企業とはどういう企業であろう。

極限状態での人間のサバイバルに関しては、〈サバイバビリティ〉は天性の体力や知能、感覚器官の鋭さのほか、後天的に学習できる知識や事前の準備、そして運などで決まってくる。企業の〈サバイバビリティ〉についても、同じようなことが言えるのだろうか。

企業の場合には、その企業がどういった分野に属しており、どのような形のサバイバルを目指しているかにもよるので、〈サバイバビリティ〉について一般論を規定するのは難しい。

たとえば慶応三年（一八六七年）創業の伊予の山田屋や、宝永四年（一七〇七年）創業の伊勢の赤福本舗という企業がある。いずれも、山田屋まんじゅうや赤福餅など、特定の商品を今に至るまで長期間作りつづけている菓子の老舗《しにせ》である。

企業規模としては小さいものの、細く、長く、堅実に生きつづけているという意味では〈サバイバビリティ〉の高い企業と言えるであろうし、こうした生き方も一つの選択である。

逆に事業規模の拡大に走り、無理な店舗数増がたたって破綻した例としては、そごうやヤオハンなど多くの例が挙げられる。

一つ確実に言えることは、時代を先取りした企業は飛躍するということである。自動車時代の幕開けを制したフォードや、IT時代の寵児《ちょうじ》となったマイクロソフトなどはまさにそうした実例であり、スタンダード石油なども自動車時代の到来により、ガソリンの需要が増したことで一躍大企業となった。

製造業の場合、発展した企業は必ず何らかのヒット商品を生み出している。フォードは有名なT型フォード、マイクロソフトはOSのウインドウズ、ホンダはスーパーカブ、さらにはカルビーのカッパえびせんなど、そうした例は多い。バイアグラのファイザー、計算機のカシオ、さらにはスーパーファミコンやポケモンの任天堂など、特定商品の大ヒットで一躍発展した企業もある。

また企業の経済活動は、一国の経済政策や、国際情勢などの周辺情勢にも大きな影響を受ける。

二〇〇一年九月一一日、アメリカで乗っ取り機を使った自爆テロ攻撃が起きたため一挙に業績の悪化した航空業界など、その典型的な例である。

航空業界は、すでに過当競争の激化のため収益が悪化しており、テロ事件発生以前の段階でも、世界の航空業界は二〇〇一年で一〇〇億ドルの収益を失うとする予想もあった。そこへテロ事件が追い討ちをかけ、スイス航空やサベナ・ベルギー航空などが倒産した。今や欧州の会社で生き残るのは英国航空、エールフランス、ルフトハンザくらいしかないとまで言われている。

航空業界以外にも旅行業者やホテルなど、観光関連の企業が大きな打撃を受けている。やはり観光産業はテロや騒乱には弱いのである。

また、社会情勢の変化のため、かつての花形産業の地位からすべり落ちた産業としては、日本の鉄鋼業や石炭産業が挙げられる。

日本の鉄鋼業は一九〇一年の官営八幡製鉄の創業により本格的に始まった。

かつては「鉄は国家なり」とも言われ、明治の富国強兵時代から戦後復興、高度経済成長時代まで日本の中心産業の地位を保ちつづけた。

しかし、今や世界的な鉄鋼過剰の時代である。中国、韓国など価格の安い諸国との競争にさらされて再編が進み、賃金カットや大幅なリストラ、経営統合などの合理化を迫られている。

この日本の鉄鋼業を支えてきたのが、石炭産業であった。

日本の石炭産業は一八六八年、明治維新のまさにその年、佐賀藩がイギリス人グラバーの指導で高島炭鉱を開坑したことに始まる。以来基幹産業と位置付けられて、一九二〇年代まではエネルギー供給の九割を担っていた。最盛期には八〇〇以上の炭鉱に四五万人以上の労働者が働いていたが、一九五〇年代から主要なエネルギー源が石油に代わったことで衰退し、二〇〇一年一月には釧路にある最後の炭鉱が閉鎖された。

結局は、石炭のエネルギー源としての〈サバイバビリティ〉が石油に劣ったため、石炭産業そのものが斜陽となり、ついには日本から消えてしまったということである。

■四■……〈サバイバビリティ〉の尺度

では、企業の〈サバイバビリティ〉を客観的に知ることは可能なのだろうか。

企業というものは、基本的に営利団体である。

社員の給与や原材料費、運営資金などを含めた支出を上回る収入をあげていれば、まず倒産することはない。

そして企業は、商法の規定により、貸借対照表、損益計算書、営業報告書、そして利益処分案といった計算書類を、毎期末に株主総会で報告する義務を負っている。

つまり企業の業績や経営状態を示した計算書類は、毎年株主総会の場で公表されることから、その数字を見ればある程度の経営状況がわかるのである。

企業の株価もまた、〈サバイバビリティ〉の指標となる。

株価には企業の業績が即座に反映され、基本的には業績の良い企業の株価は上昇し、そうでない企業の株価は下がる。

ただし、株価を決めるのは、企業の業績だけではない。

その企業が持つ資産の市場価値も株価に反映される。預金や不動産価格はもちろん、特許権などの資産、さらには技術力や販路なども含めた資産である。

また、格付け会社が行なう格付けも、企業の〈サバイバビリティ〉を示す指標の一つである。

格付け会社とは、企業の振り出す社債に対する格付けを専門に行なう業績評価会社のことである。日本にも、日本公社債研究所や三国事務所などの格付け会社は存在するが、国際的にはほぼムーディーズとS&P（スタンダード・アンド・プアーズ）の独占状態で、今やこの両社の格付けは市場に大きな影響力を持っている。一九九七年、山一證券や北海道拓殖銀行が経営破綻した際も、格付け会社の評価格下げがとどめを刺したと言われている。

では、この格付け会社が各企業に与える評価と、企業の〈サバイバビリティ〉はどういう関係にあるのだろう。

格付け会社の格付けは、あくまでも企業が振り出す社債に対するもので、満期が来た際にちゃんと払い戻しを受けられる可能性を何段階かの評価で示したものである。

ムーディーズは最上級のＡａａからＣ３までの段階があり、Ｓ＆Ｐは同じくＡＡＡからＤまでの評価を設けている。

Ｓ＆Ｐの最低の格付けであるＤは、債務不履行、つまりその企業の社債はもはや紙くずということであり、企業そのものはまず倒産している。逆に最高のＡａａとかＡＡＡの評価であれば、当面倒産する可能性はほとんどないということになる。

つまりは、高い格付けの企業になるほど〈サバイバビリティ〉が高いと言うことができよう。

もっとも、株価にしろ格付けにしろ、いずれも他者が特定企業を外から見て判断したものであり、必ずしも企業の真の〈サバイバビリティ〉を示しているとは言えないところもある。株価は、風評や企業イメージなどでも容易に動くし、格付け会社の格付けも、その正確さはどのような資料に基づいて行なわれているかにかかっている。

いずれにしても、経営者の頭のなかにある経営戦略だとか、個々の社員の能力や士気、社内の指揮命令系統の効率性など、外部からはっきりしない要素も多い。

また日本の場合には、一九九七年の商法改正まで多くの企業が総会屋との関わりを持っていたし、一部企業は未だに関係を保ちつづけている。総会屋の存在は、株主総会の無用な紛糾や経営陣の責任追及を圧殺するにはある程度の効果があり、少なくとも経営陣の短期的なサバイバル維持には役立つ面があったかもしれない。しかしこうしたネガティブな関係は、刑事事件にでもならない限りあまり表面には出てこない。

そこで、企業の性格それ自体を何らかの指標で示そうとする試みもでてきた。組織能力や組織ＩＱという指標である。

組織能力とは、企業という組織全体が持つ行動力や知識の体系であり、いわば組織の遺伝的特性とも言うべきものである。ロバがライオンのように生きられないのと同様、この組織能力を超えた活動をしようとする企業は破綻する場合が多い。

また組織ＩＱとは、スタンフォード大学を中心とするチームが一九九〇年代に開発した指標で、外部環境の変化への対応能力を示すものである。文字どおり組織の知能指数と言えよう。

こうした指標に加え、経営者の能力や経営戦略、あるいはどういった産業分野に属しているかなども企業の〈サバイバビリティ〉に影響する。

さらに企業といえども、その〈サバイバビリティ〉に運の占める要素は欠かせない。このことは、世界貿易センター・ビル事件で一挙に業績が悪化した航空業界の例からも明らかであろう。

■五■……企業の危機脱出策

企業の業績は、さまざまな原因で悪化する。

企業が順調に利益を上げていれば問題ないが、逆に経費が利益を上回り、赤字がいつまでも続く状態になれば、いつかは破綻することになる。最終的には他の企業に吸収されたり、倒産したりという憂き目を見ることになる。

業績悪化の原因はさまざまである。単なる放漫経営の場合もあるし、重要な取引先が不渡りを出して連鎖倒産ということもある。

いずれにせよこうした企業は、〈サバイバビリティ〉がある程度低下していると言えるであろう。そこで業績の悪い企業は、なんとかして業績を立て直し、自社の〈サバイバビリティ〉を回復しようと努力する。

日本の石炭産業のように、その企業が属する産業全体が斜陽化している場合は、思い切って他の業種に転換する以外生き延びることは難しいだろうが、かつて繊維産業の大手だった鐘紡のように、見事に化粧品会社に転身を遂げた例もないではない。

単に経営管理体制に問題があった場合には、問題点を改善しようとする。

多くの場合まず役員の交代を行ない、さまざまな方法で無駄な出費を減らし、収支を改善しようと努力する。

コスト削減の方法として一般的なのが、不要な支出のカットや作業の合理化、人員削減や賃金カット、人件費の低い海外への生産拠点の移動などであり、時には合併や不採算部門の経営譲渡などの大掛かりな対策も行なわれる。

合併は、最近日本の金融界で特に顕著で、近年の金融不安を背景に、三菱東京フィナンシャル・グループ、ユナイテッド・フィナンシャル・オブ・ジャパン・ホールディングス、住友銀行とさくら銀行が合併した三井住友銀行、みずほフィナンシャルグループの四大金融グループが誕生、あさひ銀行と大和銀行も合併交渉中である。いずれも、合併による規模の利益を求め、経営体制の強化を狙ったものである。

鉄鋼業界もNKK・川崎製鉄と新日鉄陣営の二つのブロックへの再編が進んでおり、日本航空と日本エアシステムも二〇〇二年に経営統合の予定である。

個々の社員の士気を高めるため、社員への権限委譲や能力主義の徹底なども、いくつかの企業ですでに始まっている。

社員にノルマを課し、互いに競わせることで営業成績を高めようという試みは多くの企業で行なわれており、社員の目的意識を明確にしたり、互いの競争心を煽るうえで有効かもしれない。しかしこれが行き過ぎると、かえって社員のやる気を失わせたり、追い詰められた社員が違法行為に走ることさえある。そうなると企業全体のイメージを損ない、かえって企業の〈サバイバビリティ〉を弱めることになる。

二〇〇〇年五月に表面化した商工ローン日栄社員の恐喝未遂事件は、まさにその典型的な例である。

商工ローン日栄は当時の松田一男社長が一代で育て上げた商工ローンの最大手であったが、社長自ら社員に厳しい取り立てノルマを課していたため、社員が債権者に対して「腎臓を売れ」などの脅迫的言辞を用いて刑事事件になったのだ。その結果、松田社長は退任に追い込まれた。

後にも述べるが、経営者には目の前の利益追求のみならず、中長期的なビジョンに基づいた経営戦略を立てることが求められる。単に社員に過剰なノルマを課し、「やればできる」として精神論のみではっぱをかけるやり方は、どう見ても合理的な経営戦略とは言えない。

債券回収のためには、合法的な方法がいくつもあるはずだし、商工ローンという業種の性格上、あらかじめ不良債権の比率をある程度見通して営業方針を立てるのが正しいやり方だろう。

また、どのような危機脱出策をとるにせよ、まず企業が置かれた現実を冷静に直視する必要がある。現実に目をそむけていて、正しい対応がとれるはずがない。しかし日本の企業には、どうも厳しい現実を直視しようとしない傾向があるようである。経営陣が正確な経営状態の公表を避けたために結局破綻した長銀や山一はその典型だし、薬害エイズ事件も、つきつめれば厚生省とミドリ十字が輸入血液製剤の危険性を故意に無視したことが原因なのだ。

■六■……リーダーシップと〈サバイバビリティ〉

現代のように、巨大企業がさまざまな産業分野でグローバルな活動を行なう時代には、経営戦略の優劣や、さらにその策定者である経営者の能力も、企業のサバイバルに大きく影響してくる。

日本のナショナル・サッカー・チームが、トルシェ監督就任後戦略方針が変わり、大いに飛躍を遂げたように、ニッサンやゼネラル・エレクトロニクスなど、トップの交代で経営再建に成功している企業も多い。

ゼネラル・エレクトロニクスを立て直したジャック・ウェルチ会長は、当時ゼネラル・エレクトロニクスが抱えていた四二の事業部門のうち、業界で一、二位を誇る部門以外はすべて売却や閉鎖の対象とする大幅な不採算部門の切り離しを実施した。この結果エアコン、テレビ、アイロンなど消費者向けローテク家電製品の製造部門が多く切り捨てられた。

さらに一九八〇年末に四一万一〇〇〇人いた従業員を、八五年末には二九万九〇〇〇人に減らすという大幅なリストラを行なったため、ニューズウィーク誌などは、建物を破壊せずに人間だけを殺傷する中性子爆弾にたとえて「中性子ジャック」と呼んだ。一方で社員二五人くらいずつを集めて、コーヒーを飲みながらの円卓会議を実施し、また家族的な一体感を持てる場所を作るということで、本社にフィットネスセンターを新設するなどして社内の人間関係の円滑化に努めた。

ニッサンのカルロス・ゴーン社長も、徹底したコスト・カットを行ない、二〇〇一年九月の連結決算では、ニッサンは過去最高の利益を記録した。

一方、一九九八年に改革を期待されて就任したフォードのナッサー社長は、二〇〇一年に退任に追い込まれた。

人事制度への競争原理導入やサービス事業の強化というナッサー社長の改革案は、理論的には正しい方向とされたが、こうした方針が自動車の開発・製造部門の社員の不興を買い、かえって社員全体の士気を低下させたのだ。

では、現代の企業経営者にはいったいどのような資質が求められるのだろうか。

レバノン・アメリカ大学のバルダウィール教授は、企業経営者に必要な資質として一〇年先、二〇年先の長期的展望を持っていること、部下に権限を委譲し、しかも責任は自分でとる、部下を褒め、人を使うのが上手でコミュニケーション能力に優れている、といった点を指摘している。

現代の大企業のような大きな組織になると、一個人がすべての事業の動向を正確に把握することはできない。信頼できる人間にしかるべき権限を委譲する必要があり、そのためには部下の能力や人格を見極める眼力が必要となる。そしていざというときに責任をとるのがトップたる者の務めである。自分の経営責任を部下に押し付けるようでは、誰もついてこないだろう。部下を褒め、責任を自分でとるというのは、人心掌握術の典型でもある。

さらに企業の経営者には、目先の案件処理は担当の部下にまかせ、数十年先の経営状態を見据えて事前に戦略を立てる能力が必要である。

すでに述べたように、時代を先取りした企業は必ず伸びている。ネコも杓子もＩＴと唱えるようになってからＩＴに投資しても手遅れなのである。

しかし戦後の日本の場合、管理職や社長など経営陣に参画する者は、長年その会社の社員として働き、社員として良好な成績を修めた者が多い。しかしそうしたやり方のつけが、ギャップ型上司の増加という形であらわれているとの指摘もある。

ギャップ型上司とは、対話が苦手で人間的に好まれず、暗に脅しも使うような上司である。まさに仕事一筋の会社人間がそのまま上の地位に就いたようなタイプであろう。

これに対し対話力に優れ、部下の提案を積極的に活用する。また新しい手法も取り入れ部下が満足するような問題解決ができる上司を問題解決型上司と呼ぶ。

この分類は中央大学の佐久間賢教授によるものであるが、教授の調査によれば、日本企業では外国企業に比べ、ギャップ型上司の比率が大きくなっているという。

こうした結果も、社員としてある程度の成績を収めた者が経営陣にまで参画していくという日本的特質に起因するのではないだろうか。

じっさいには、優秀な部下としての才能と経営者としての才能は必ずしも同じではない。このことはすでにプロ野球の世界で、「名選手必ずしも名監督ならず」という格言でよく知られていることだ。

日本経済はこれまで、右肩上がりの成長を続けてきた。そうした状況では、過去のやり方をよく承知しており、事務的にそつなくこなす人間が経営者として無難であったろう。しかし今は、先行きのわからない不透明な時代である。単なる事務処理能力以上の鋭い洞察力が、経営者にも求められるのだ。

■七■……日本的システムの〈サバイバビリティ〉

今、日本企業は元気がない。

かつて日本を支えた石炭産業や鉄鋼業の衰退については既に述べたが、日本の物流を支えてきた商社も、かつての勢いがない。

東証平均株価は最近軒並み下落しているが、五大総合商社の一つである丸紅の株価でさえ、二〇〇一年一二月一九日に五八円の最安値を記録している。他にも兼松が八四円（一二月二八日）、日商岩井が五九円（一二月一七日）など株価が一〇〇円を切るという異常事態である。

二〇〇一年末の青木建設の破綻に象徴されるように、かつて日本の建設事業の主体となったゼネコンも、最近は元気がない。

一九九二年のバブル崩壊で、金融機関は軒並み多額の不良債権を抱え、公的資金の投入なしでは生き残れないところのほうが多い。

大不況のなかで倒産件数も増え、二〇〇一年の破産申し立て件数は一六万件を突破して過去最悪となり、倒産件数も一万九〇〇〇件を超えて戦後二位となった。経済成長率も二〇〇一年度は一・二%のマイナス成長で、二〇〇二年度もやはりマイナス成長が予想されている。

こうした状況のなか、多くの企業が大量のリストラを迫られている。

二〇〇一年に国内の上場企業八二社が人員削減計画を発表し、その総数は一二万人以上にも達する。もちろん、上場企業の業績悪化で影響を受ける下請け企業を含めると、その数は何倍にも膨れ上がるだろう。日本経済の「希望の星」だったIT産業でさえ、大手電気メーカー八社で四万四二〇〇人のリストラが予定されている。さらにITや鉄鋼関係では、一般職員の給与カットまで行なわれている。今やワークシェアリングの導入も検討されている。

こうした状況のなか、二〇〇一年一二月の完全失業率は過去最悪の五・六%に達したが、大規模倒産や大量のリストラが続くなか、この数字が好転する兆しはない。

おまけに二〇〇一年一二月、格付け会社のムーディーズは、日本国債の格付けをＡａ３という先進国で最低のレベルに引き下げた。

今や企業ばかりでなく、日本という国家そのものが沈み込んでいるような気さえする。というより、戦後の日本を支えてきた、日本的なシステムそのもののサバイバルが危機に瀕しているのではないだろうか。

戦後の日本は、官民一体となった独自のシステムで、奇跡とも言われる戦後の経済発展を実現した。

その過程では、ＧＨＱが始めた公共事業や国内産業育成のための各種補助金支出、強大な許認可権限や行政指導による中央官庁の業界支配など、中央政府の役割が大きかったと言えるだろう。

金融機関はつぶさないという、いわゆる護送船団方式や各種の輸入障壁により、国内産業は外国産品の圧力から保護され、日本製品はコスト安と品質の優秀性により世界を席巻するようになった。

あらゆる手段で国内産業を保護し、真の自由競争を欠くこうした経済運営は、諸外国から時に「日本株式会社」と揶揄《やゆ》されてきた。また不透明な流通経路や商慣行、割安な外国産品の排除などから、日本の消費者は国際価格に比べて何倍も高い製品を買わされつづけることとなった。

従来の日本的システムとは、消費者を無視して国内の諸産業を保護する政策であり、そのつけは国民が支払ってきたのだ。一人あたりGDPの数値のみを見れば世界一豊かなはずの国民が、全然豊かさを実感できない理由もそこにあった。

経済が常に成長を続けていた時代には、こうした高コスト体制も経済の成長分でカバーすることが期待できた。しかし低成長、あるいはマイナス成長が予想される時代にはこのシステムは確実に破綻してしまうであろう。

今の日本には、新しい時代に即した新しいシステムが必要なのだ。

■八■……商品の〈サバイバビリティ〉

第二次産業の代表的なものが製造業である。

自動車のトヨタやホンダ、お菓子のグリコや明治、森永、さらには機械部品や医薬品など、何らかの商品を自分の工場で製造している企業は、すべて製造業に属する。

こうした企業が生産する商品は、市場で同業他社の製品と売れ行きを競い、売れ行きが劣るといずれ消えてしまう。

そこにはまさに、適者生存という生物の生存競争と同じ原理が働いている。

二〇〇〇年八月五日付朝日新聞夕刊の記事はこう述べている。


「大量消費社会の特徴の一つは、新製品が誕生してから消滅するまでのサイクルが短くなっていくことだ。民間の調査会社、流通経済研究所がスーパーの売り上げ動向を分析したところによると、一店舗当たりの平均取扱商品は、一九九〇年には約一万四〇〇〇点だったが、一九九八年には二万二〇〇〇点と八〇〇〇点増えている。店舗面積は変わらないから、この間に、消えた商品も多いということになる。コンビニエンスストアの場合は、年間に七割の商品が交代すると言われている。なかには店長の判断で、一週間で店頭からはずされるものもあるそうだ」


その一方で、長い間ほとんど形態を変えないで売れつづけている商品もいくつかある。

一九〇七年に生まれた亀の子たわしやホンダのスーパーカブ、一八九九年発売の森永ミルクキャラメル、一九一九年のカルピス、一八九五年の金鳥蚊取り線香などの製品はいずれも、日本人の生活に密着し、長く愛されてきている。

しかし、一見すると発売時からなんの変化もないように見えるこれらの商品も、じつは時代に応じて少しずつ進化しているのだ。

たとえば金鳥蚊取り線香の主成分は、発売当時除虫菊の粉末を使っていたものの、現在では成分を化学的に合成している。一九六七年に生まれたリカちゃん人形なども少しずつ顔や髪の色が変化して、時代に合わせて少しずつ進化している。

そうした商品の進化を見るうえで、もっとも興味深いのが、一九五八年に日本で誕生したインスタントラーメンである。

■九■……進化するインスタントラーメン

日本最初、いや世界最初のインスタントラーメンは、一九五八年に発売された日清食品のチキンラーメンである。

その起源については、清の時代の乾麺などにさかのぼるという説もあるが、現在の形でインスタントラーメンと呼ばれるものは、日清食品のチキンラーメンが最初である。

インスタントラーメンの製法そのものは比較的簡単だったので、その後エースコックやサンヨー食品など多くの食品企業が市場に参入し、サッポロ一番、出前一丁、カレーラーメン、明星チャルメラなど多くの新製品が現われた。しかしそうした製品のなかで、現在まで生き延びている商品はかなり限られるようだ。

二〇〇〇年一〇月二一日付日経新聞のアンケート調査では、女性に人気のインスタントラーメンの一位から三位までをサッポロ一番（一九六六年登場）、チキンラーメン、そして出前一丁（一九六八年発売）といった昔馴染みのブランドが占めている。

これらはいずれも、〈サバイバビリティ〉の高いインスタントラーメンと言えるだろう。とはいえ、インスタントラーメンは誕生から現在まで、いつまでも同じ形態で市場に生息しているわけではない。今やインスタントラーメンはさまざまに進化を遂げ、世界各地にまで生息地域を広げているのだ。

一番最初のチキンラーメンは、ラーメンそのものにスープが染み込んでおり、丼に入れてお湯をかけるだけで調理できた。その後すぐに、別の袋に入った粉末スープを後で混ぜるタイプが登場し、今では大部分がこのタイプである。そして一九七一年のカップヌードルの誕生により、カップに具と一緒に入っていて、お湯をかけるだけで食べられるようになった。

そして今や、日本生まれのインスタントラーメンは世界の市場を席巻しているのだ。インスタントラーメンは現在、日本だけでなく東南アジアを中心に広く生産されており、ヨーロッパのコンビニでも見ることができる。

東南アジアでは、「出前一丁」という日清食品の製品が現地工場で生産されており、袋にはちゃんと出前坊やの絵も入っている。しかし袋の色が違い、味もビーフ味やシュリンプ味など、販売地域の好みに合わせたものとなっている。

ここで、ダーウィンが進化論を思いつくきっかけとなった、ガラパゴス島のフィンチのことを思い出してもらいたい。

ダーウィンは、島に住む一四種類のフィンチが、もともとは一つの種類から環境に応じて変化したものと考えた。

出前一丁というラーメンもまた、海外の市場で生き延びるためビーフ味やシュリンプ味に進化し、生存領域を世界に拡大しているのだ。

■一〇■……モノの〈サバイバビリティ〉とミーム

モノの〈サバイバビリティ〉を考える場合、避けては通れないのがミームという概念である。

ミームとは、イギリスのリチャード・ドーキンスが『利己的な遺伝子』［既出］で提唱した概念である。第Ⅰ章で言及したように、ドーキンスはこの著書のなかで、生物は遺伝子の乗り物《ビークル》にすぎないという過激な仮説を提唱した。

この説によれば、生物は遺伝子を複製、増殖させる一種のマシーンであり、無限に自己複製を繰り返す遺伝子こそが主役となる。この場合遺伝子の目的は、自己複製そのものにほかならない。

ところがドーキンスによれば、遺伝子と同じく無限に自己複製を繰り返すものがもう一つあるという。それがミームである。

ミームは、遺伝子のように核酸と塩基からなる物理的実体を持っているわけではない。しかし、無限に複製を繰り返す情報という点では、遺伝子とよく似た性質を持っている。ドーキンスは、遺伝子とミームの双方を含む言葉として「自己複製子」という言葉まで提唱している。

では、このミームとは何だろう。それが商品の〈サバイバビリティ〉とどう関わってくるのだろう。

ドーキンスの定義によれば、ミームとは「文化伝達の単位、あるいは模倣の単位」である。こう言うと難しく聞こえるが、人間が日常話している言葉を例に、ミームとはどういうものか説明しよう。

地球上の人間はほとんどすべて、何らかの特定の言語を話している。

日本人の圧倒的多数は日本語を話すし、イギリスでは皆英語を理解する。フランスではフランス語、ドイツではドイツ語といった具合に、だいたいその地域や家族に特有の母言語というものがある。

この言語の文法や発音法などは、人間の遺伝子に生まれながらにプログラムされているわけではない。したがって生まれたばかりの赤ん坊は、どの言葉もしゃべることはできない。しかし、二年ほど家族に囲まれて生活しているうちに、その家族が話している言葉を子供も話すようになる。日本人だからといって、外国で外国人に育てられれば、その外国人が話している言葉を話すようになる。

言葉というものは、自分の周辺の人間が話しているのを聞いて、それを自分も模倣して話すようになるものなのだ。つまり、周りの人が話していた言葉体系が、子供の脳のなかに刻み込まれるということである。

言葉を換えて言えば、他人の脳のなかにあった言葉体系のデータが、幼児の新しい脳のなかに複製されたと言えるわけである。

同じことは、特定の慣習や流行などにも言える。

ここ数年、日本では朝シャンやルーズソックス、厚底サンダルなどさまざまな流行が生まれたが、これも最初は一部の者が行なったり、商業的に仕掛けられたものである。しかし、これが他の人々にカッコイイと認識されると次第に広がっていき、大勢の人間に模倣される。つまりこうした人々の脳のなかに、朝シャンとかルーズソックスとかいうデータが複製されていくのである。

このように人から人へと移っていく情報の単位を、遺伝子にならってミームと呼ぶのである。

ここで少し考えてみると、人間の行動とか考えというのは、ほとんどが自分の周辺の人物や書物などから移植されたものではないか、と思い至る。

そのとおりである。

人間の慣習や行動、思想や消費性向などは、ほとんどがミームの複合体なのである。

生物が生まれては滅ぶのと同様、人間の脳内にあるミームも、代々伝えられていくうちに忘れ去られてしまうものがあり、一方で新しく生まれてくるものがある。

冒頭で述べた古代ローマのトーガや古代バビロニア語が滅びたのも、トーガやバビロニア語を伝えるミームが絶えてしまったと考えるのがミームの考えである。

少し乱暴なたとえをすると、遺伝子が人間の生物としてのハードウエアを構築する設計図であり、生まれながらの肉体的な機能を決定するとすれば、ミームは行動様式や思考パターン、習慣といったソフトウエアの構成単位であると言うことができよう。

市場の商品についても、売れている商品はミーム力が強い、と述べることも可能である。残念ながらミームという概念は、まだ正確に定義されているとはいえず、人間の行動のうちどの範囲までがミームに支配されているかも明らかでない。しかしモノの〈サバイバビリティ〉を考える場合、ミームという視点は重要な示唆を与えてくれる。

■一一■……テレビ番組の〈サバイバビリティ〉

テレビ番組も一種の商品である。

テレビ番組は、公共放送たるNHKの番組を除いて無料で見られるし、NHKの場合も月単位の受信料さえ払っておけば、どの番組を何時間見ようと余計な料金は取られない。厳密に言えばテレビ受像機を購入する必要があるし、テレビをつければ電気代もかかるが、そうした支出を無視すれば、毎日好きな番組をただで楽しむことができる。

なぜ、そんなことができるのだろうか。

それは、テレビ番組の製作に資金を提供するスポンサーがいるからである。

つまり、番組の製作に必要な材料費、出演者のギャラ、スタッフの出張費などを含めた制作費を提供してくれるスポンサーがおり、テレビ局や番組制作会社に資金を提供してくれるのだ。

ではなぜ、スポンサーはそういう酔狂なことをしてくれるのだろう。

スポンサーの多くは企業である。営利を追求する企業が番組制作用資金を提供するのは、単に一般国民を楽しませるためではない。そこには資本の論理が働いているのだ。

NHK以外のテレビ局では、番組の合間に必ずスポンサーとなっている企業の広告が入っている。企業の目的は、この広告を通じ、自分の会社や自社製品の宣伝をすることなのである。

ある番組を大勢の人が見ていれば、企業の広告もそれだけ大勢の人の目に触れることになる。そこで、ある番組をどれだけ多くの人が見ているかという視聴率が重要になってくる。

視聴率の低い番組は、スポンサーとして十分な宣伝効果が期待できなくなり、番組への資金提供を渋るようになる。資金がなければ番組の製作を継続できず、たいていの場合打ち切りになってしまう。

つまり、テレビ番組というのは第一に、大勢の人に見てもらうことが存在意義なのだ。

極端なことを言えば、昔のちんどん屋のパフォーマンスが極端に進化した形がテレビ番組であるともいえる。

もちろん、現在のテレビ番組のなかには芸術的、教育的に優れたものもあり、単なる人寄せ機能だけではない。しかし番組の人寄せ機能、つまり視聴率というのは、民放テレビ番組の〈サバイバビリティ〉を決めるもっとも重要な要素である。

そうなると、ただ視聴率を取るだけのためにセンセーショナルな番組作りが横行するのも当然である。

人気のあるタレントをずらりと並べたり、いたずらに水着の女性やヌードをちりばめたり、とにかく人目を引く無意味なパフォーマンスに走る。少々のやらせも、演出の一環として慣例化する。そこには、教養も価値観もほとんど関係ない。要は、高い視聴率を得られればよいのだ。

テレビ番組が単なる人寄せのパフォーマンスだと考えれば、こうした現象も当然だろう。しばしば低俗テレビ番組の害悪も指摘されるが、そもそもテレビ番組に高尚なモラルを求めるほうが間違っているのかもしれない。

一方で、何年にもわたって高視聴率を誇り、長寿番組と呼ばれるものもいくつかある。日本最大の長寿番組は、おそらく年末恒例の紅白歌合戦であろう。

二〇〇一年は視聴率が五〇%を切ったものの、年末の恒例行事として日本人の二人に一人がつきあう人気番組である。

ともに一九六九年にはじまった水戸黄門（TBS系）やサザエさん（フジテレビ系）なども、三〇年以上も安定した視聴率を稼いでいる。

こうした番組は、右に述べたヌードやスキャンダルとはまったく関係ない。むしろその逆で、老若男女すべての日本人が安心して見ていられる内容である。そしていずれも、非常に日本的な要素を色濃く持っている。

つまりは、日本人のミームに合った内容なのである。

■一二■……ゼロ戦の〈サバイバビリティ〉

モノのサバイバルの最後に、文字どおり戦場で生き残りをかけて戦う兵器についてもとりあげたい。ここでは、太平洋戦争中ゼロ・ファイターと恐れられ、敵国のどの戦闘機をも凌駕《りょうが》する空戦性能を示したゼロ戦の〈サバイバビリティ〉を考えてみよう。

航空機の誕生は、一九〇二年のライト兄弟の初飛行に始まるが、第一次大戦中にはすでに戦闘機が誕生し、パイロット同士の空中戦が派手に行なわれるようになった。有名な「レッド・バロン」こと、ドイツのリヒトホーフェン男爵が活躍したのもこの頃である。

第二次世界大戦以降は、空を制するものが最後の勝利を手にするようになった。湾岸戦争では多国籍軍の地上攻撃がイラク軍戦車多数を葬り、アフガニスタンでのアメリカの空爆がタリバンを壊滅させたように、空を制する者が戦闘を制するという状況は現在でも変わらない。

しかし、爆撃機や攻撃機が安心して地上の目標を攻撃するには、敵戦闘機の脅威から逃れている必要がある。そこでまず戦闘機同士の空中戦により、空の自由を確保する必要があるのだ。

この空の支配権を制空権、あるいは航空優勢と呼んでいる。そして戦闘機同士の空中戦では、戦闘機の空戦性能の優劣が大きくものを言う。こうした空戦性能は、その戦闘機が持つ速度や旋回性能、攻撃力、防御力などの要素により決定されるが、戦闘機の場合この空戦性能こそ、〈サバイバビリティ〉そのものと言ってよいであろう。

つまり空戦性能の高い戦闘機こそ、〈サバイバビリティ〉の高い戦闘機と言えるのだ。

太平洋戦争中、まさに〈サバイバビリティ〉の高い名戦闘機として活躍したゼロ戦の開発は、一九三七年（昭和一二年）に一二試艦戦として始まった。設計したのは、堀越二郎技師をチーフとする三菱のチームである。

堀越チームはさまざまな工夫を続け、一二試艦戦は一九四〇年七月末、海軍零式艦上戦闘機として正式採用された。

最初の実戦参加は一九四〇年八月二〇日、中国の重慶上空での空中戦である。このときゼロ戦は中国軍機を一方的に粉砕、その後も終戦まで日本海軍の主力として活躍した。

開発当時の各国のライバル機と比較しても、ゼロ戦は火力、航続距離、旋回性能など、最高速度以外ほとんどの点で上回っており、アメリカのF4FワイルドキャットやP38ライトニングはもちろん、オーストラリア上空ではイギリスのスピットファイアとも交戦し、圧倒的な勝利を収めている。

しかし、当時の日本は、戦闘機の心臓とも言うべきエンジン技術で、アメリカやイギリスに遅れをとっていたのだ。

P38ライトニングや、太平洋戦争後期に登場したF6Fヘルキャットなどと比べると、ゼロ戦の馬力は半分程度しかない。そのゼロ戦がなぜあれほどの強さを発揮したのだろう。

ゼロ戦の最大の特徴は、その徹底的な軽量化と、それにともなう運動性の高さにあった。馬力に限りのある機体に二〇ミリ機銃を搭載したうえ、高い空戦性能を得るため、骨組みの金属材に多くの穴を空けたり、方向蛇のワイヤーを当時の安全基準以下に削るなどの涙ぐましい努力が繰り返された。

それに対しアメリカ側は、従来の戦闘機のエンジンを強化したり、新しい機種を次々に繰り出した。またゼロ戦の弱点をついて、急降下性能を生かした一撃離脱など新しい戦法を編み出して対抗した。

ゼロ戦は機体重量を極端に軽くしたため、アメリカ機に比べて機体の強度が劣っていた。そのため後期の五二型以前は、急降下速度を六七〇キロに制限していた。しかしアメリカの戦闘機はいずれもこれを上回る速度での急降下が可能だったため、ゼロ戦に追われると急降下で逃げ延びることができたのだ。

五二型になると、機体の板の厚さを〇・二ミリ増やすことで急降下速度を七四〇キロに上げたが、このことは機体の重量を増し、ゼロ戦の最大の持ち味である運動性能を犠牲にする結果となった。

結局ゼロ戦は、限りあるエンジン馬力のなかで引き出せる最大の能力を追求したため、それ以上ないほどぎりぎりに研ぎ澄まされた設計であった。つまり、開発時にほぼ完成した形で生まれ、その後の進化の余地がほとんどなかった。そのため、アメリカが次々と繰り出す新しい機種や、新しい戦法に十分対応できなかったのだ。

しかし、現代の国家同士の総力戦では、個々の兵器がいくら優れていても、お互いの国力に大きな差があればそれを補うのは難しい。

戦費調達にかかわる国家の経済力や総合的な技術力、人口などすべての要素を総合したうえで優れた国、いわば国家としての〈サバイバビリティ〉が高い国が、最終的に勝利するのだ。

同じことは、第二次大戦中のドイツ軍戦車についても言える。タイガーやパンサーなど、ドイツは当時最優秀の戦車を生産していたが、連合軍に比べて生産力で劣ったため、結局は数で上回る連合軍に地上で敗れたのだ。

とはいえ、太平洋戦争全期を通じて、ゼロ戦の戦闘機としての〈サバイバビリティ〉は非常に高かった。

ゼロ戦を徹底研究して開発されたF6Fヘルキャットでさえ、巴戦（ドッグファイト）では最後までゼロ戦にかなわなかったし、ラバウルの空中戦では、アメリカ軍の損害が日本軍を上回るのが常だった。

しかし結局、日本軍はラバウルからの撤退を余儀なくされた。それはなぜだろう。

つまりは、アメリカ軍は空戦の損害を補い、常に戦力を維持できたのだが、日本軍はそれができなかったということである。

この事実は、兵站（ロジスティック）や生産力の問題とも関係してくる。現に一九四四年、日本の航空機生産は二万八一八〇機で大戦中のピークにあったが、同年のアメリカの航空機生産は九万六三一八機と、日本の三倍以上あったのだ。

結局、現代の国家同士の総力戦においては、戦費調達にかかわる経済力や総合的な技術力、人口、生産力などすべての要素を総合した国家としての〈サバイバビリティ〉の高い国が最終的に勝利するということだ。

第Ⅳ章　国家の〈サバイバビリティ〉

■第Ⅳ章■……

国家の〈サバイバビリティ〉

▶古代ローマ帝国初代皇帝アウグストゥス

要するにこれは際限のない戦いで、
第三帝国はいかに個々の戦闘に勝利をおさめ、
すぐれた作戦を展開しようとも、
最後まで戦いぬくだけの力は持たなかったのである。

……………ポール・ケネディ■『大国の興亡・下巻』草思社刊

■一■……国家の誕生と死

人間が集団生活を営むようになると、やがて集団内で序列が生じ、支配階級や役割の分化が生じてくる。

ある集団が順調に拡大を続けると、周辺にある似たような集団と出会い、抗争して支配下に置いたり、あるいは平和的に融合したりして次第に大きくなる。やがては、国家と言えるほどの規模と行政制度とが整備されるようになる。

邪馬台国の時代には小邑に分かれて争っていた日本が、次第に大和朝廷に統合される過程も、きっとこのようなものだったであろう。

では、具体的に「国家」とはどのような存在を言うのであろう。

「国家」の定義については、一九三三年の「国の権利及び義務に関する条約」により定められている。これによると、永久的住民と領土を持ち、これらを統治する政府があり、他国に制限されずに外交を行なう能力がある存在が国家である［波多野里望・小川芳彦編『国際講義：現状分析と新時代への展望』］。

つまりは、一定の支配領域と所属する国民を持ち、政府機関と自立的な外交能力を持っているものが国家ということである。ということは、これらのいずれが欠けても、もはや国家とは呼べないということになる。

人間にいろいろな個性があるように、国家にもいろいろな性格がある。

世の中には大金持ちの御曹司に生まれ、一生何の苦労もしないで生きていける恵まれた御仁もいれば、貧乏な家庭に生まれて刻苦勉励し、立身出世する人もいる。

国家についても似たようなことが言える。

天然資源に恵まれて、その輸出だけで国民を養うことのできる国もあれば、資源は乏しいながらも国民が勤勉で、ついには世界の一流国に仲間入りした国もある。

ある国家がどのような性格の国になれるかは、やはりその国の自然条件にある程度制限されざるを得ない。

海のない内陸国が強力な海軍を持つことは難しいし、海運立国を目指すにも条件が悪い。天然資源のない国は、当然ながら資源輸出国にはなれないし、人口数万人というドミニカやグレナダのような小国が、大規模な軍隊を持って周辺国を脅かす軍事大国になることは不可能だろう。

このような国家の自然条件や地理的位置は、あとで変更することが難しいという意味で、人間や動物の場合の先天的な能力に比較できよう。

世界には一八〇以上の独立国があるが、現在政治的、経済的に世界一の影響力を誇るのはアメリカ合衆国である。

一方世界史の上ではアケメネス朝ペルシャやそれを滅ぼしたアレキサンダー帝国、ローマ帝国やモンゴル帝国、イスラム帝国など、世界に覇を唱え、当時の世界で圧倒的な影響力を誇る大帝国が数多く存在していた。しかしこうした歴史上の覇権国家も、今ではすべて滅びてしまい、かつてこうした国家が支配した領域は多くの国家に分裂している。

国家にもやはり誕生があり、成長があり、死があるのだ。そして生と死があるところには、〈サバイバビリティ〉の概念が適用できる。

では、国家の〈サバイバビリティ〉とはどのような要素によって決定されるのだろう。この点を考えるために、まず国家の死とはどういう状態を指すのか考えてみよう。

右に述べたように国家は、領土と国民、そして政府を持つ必要がある。ということは、このいずれかが欠けると国家としては死滅するということになる。

古代ギリシャの哲学者プラトンが言及している伝説のアトランティスのように、地殻の大変動により文字どおり国土ごと消滅してしまうとか、国民が一人もいなくなってしまうという事態も考えられないではない。

じっさい地球温暖化が進み、海面が現在より数メートル上昇すれば、いくつかの太平洋島嶼国は海没してしまうと言われている。

しかし現在までの人類史のなかで国家が滅ぶ場合とは、他の諸国や民族に武力で征服された場合が圧倒的に多い。一方、歴史上国家が拡大していく過程も、相手国との戦争で勝利してその領土を征服する場合がほとんどだ。

アレキサンダー帝国の起源はギリシャ北方の小国マケドニアであるが、この王国は急速に東方に拡大し、ついにはアケメネス朝ペルシャの領土を飲み込んだ。イスラム帝国やモンゴル帝国、オスマン・トルコなども、既に住んでいた住民を征服して領土を拡大したのだ。

近代でも、ドイツの母体となったドイツ帝国は戦争と懐柔の結果プロシャを中心に統一されたし、アメリカ合衆国をはじめ列強の植民地だった諸国は、多くの場合宗主国との独立戦争を経て独立を勝ち得ている。

逆に、一九四六年に成立したクルド共和国はソ連とイランに蹂躙《じゅうりん》されて消滅し、一九七五年に独立を宣言した東チモールも、翌年インドネシアに占領され、悲願の独立達成は二〇〇〇年の住民投票を待たなければならなかった。同じく一九六七年に独立を宣言したビアフラ共和国も、結局ナイジェリアに飲み込まれて消えてしまった。

国家の誕生と死には、武力が大きく関わっていると言ってよいだろう。

最近では、武力の行使そのものが違法とされる傾向にはあるものの、やはり国家のサバイバルにおいて武力という要素は無視できない。この点をさらに考えてみるために、二つの例を見てみよう。

■二■……イスラエルのサバイバル

中東のユダヤ人国家イスラエルが独立を宣言したのは、一九四八年五月一四日のことである。

しかし、イスラエル周辺の五つのアラブ諸国、エジプト、トランスヨルダン、シリア、レバノン、イラクは、この同じ日にイスラエルに対し宣戦を布告、翌一五日から本格的な戦闘が始まった。

いわゆる第一次中東戦争、イスラエルに言わせれば独立戦争である。

しかしイスラエル独立までには、長い伏線があった。

そもそもパレスチナの地に新しいユダヤ国家を作ろうという発想は、一八九六年二月に、オーストリアのジャーナリスト、テオドール・ヘルツルが著わした『ユダヤ人国家』に始まる。しかしヨーロッパのユダヤ人が大量にパレスチナに移住しはじめたのは、ドイツでナチスが政権をとり、ユダヤ人迫害を本格化してからのことだ。

いわば国のない民が自らのサバイバルを懸けて、父祖の地に舞い戻ってきたのだ。しかしパレスチナの地には、すでにパレスチナ人が住んでいた。つまり現在に至る中東問題の背景には、二つの民族のサバイバルを巡る争いがあるのだ。

先住民たるアラブ側の反応は、最初鈍いものだった。

マラリアが蔓延し、農業に適さない土地を高価な値段で買い入れていくヨーロッパからのユダヤ移民は、パレスチナに多くの土地をもつ周辺諸国の不在地主にとっては、むしろ絶好のかもだった。しかしそのうち、大量のユダヤ人流入に地元のパレスチナ人も危惧を抱くようになり、両民族の武力衝突が頻発した。その矛先は、当時パレスチナの委任統治を行なっていたイギリスにも向けられ、イギリスは一九四八年五月一五日までにパレスチナから撤退することを決定していた。イスラエルの独立宣言は、このイギリスの撤退を受けてのものだった。

当時パレスチナのユダヤ人人口は六五万人。それに対し全アラブ諸国の人口は三三〇〇万人で、五〇倍もの開きがある。イスラエルと直接交戦した周辺諸国の人口だけでも、イスラエルの三〇倍近くにはなろう。

武器も人員も圧倒的なアラブ諸国の前に、生まれたばかりの小国イスラエルは、一瞬にして飲み込まれてしまうかに見えた。しかし、そうはならなかった。イスラエルはこの戦争でアラブ諸国を打ち破り、この極限状態を生き延びたのだ。その後もイスラエルは、自国のサバイバルを懸けて何度もアラブ諸国と戦い、常に勝利している。

しかし不敗といわれるイスラエル軍の神話も、じつはぎりぎりまでに研ぎ澄まされたサバイバルへの強い意志で支えられているのだ。

イスラエルの正規軍は一八万人である。しかし予備役四三万人が二四時間以内に動員できる体制を整えている。さらに空軍パイロットの技量は、自他ともに世界一を任じている。

一方でこれだけの軍事力を常に維持しておくことは、人口五〇〇万人程度のイスラエルにとって相当重い負担となっている。イスラエルのGDPは世界で三〇位にも入らないのに国防費はGDPの八・九%に達し、世界で一五番目という巨額なものになっている。

つまり、周辺を敵に囲まれたイスラエルは、サバイバルのため大きな犠牲を払いながら強力な軍事力を維持しているのである。イスラエルの政府関係者は、「アラブは何度でも負けられるが、イスラエルは一度負けたら国がなくなる」と述べる。イスラエルという国は、それだけ強くサバイバルを意識しているのである。

■三■……フィンランドの奇跡

小国が人口で大きく上回る強敵を相手に戦い抜き、生き延びたもう一つの実例として、冬戦争のフィンランドがある。

フィンランドは一九一七年一二月六日、それまでフィンランドを支配していたロシアに革命が起こったのを機に、民族の宿願である独立を果たした。しかしロシア革命の余波はフィンランドにも及び、共産党を中心にソ連の支援を受けた赤衛軍と白衛軍との間で内戦が発生した。赤衛軍は一時首都ヘルシンキを含む国土の三分の一を支配したが、白衛軍はマンネルヘイム将軍を総司令官とし、ドイツの支援を得て反撃、やがて全土を制圧した。

このとき活躍したマンネルヘイム将軍はスウェーデン貴族の血を引いており、フィンランドがロシア支配下にあった日露戦争当時には、騎兵として日本軍と交戦したこともある人物だ。

この新生国家フィンランドに最初の危機が訪れたのは、一九三九年一一月のことであった。

このときソ連は、フィンランド湾のスール島、ラバン島、セイスカリ島、ティタル島の三〇年間の貸与をフィンランドに要求した。

当時国防委員会議長を務めていたマンネルヘイム将軍は、強大なソ連との戦争は何としても避けるべきだと考え、この要求を受け入れるよう政府に進言した。しかし何度か交渉を行なううちに、ソ連は次第に要求をエスカレートさせ、ついにフィンランド政府はこれを拒否した。するとソ連は一一月三〇日、一九四五年まで有効となっていたソ・フィン不可侵条約を一方的に破棄、宣戦布告なしに突如フィンランド攻撃を開始したのだ。

名目上は、フィンランド国内に誕生した人民民主主義的な政府の要請により、フィンランド国民を解放するということであり、この人民民主主義政府の代表にはフィンランド人共産主義者オットー・クーシネンが就任した。

これに対し、マンネルヘイム将軍を総司令官として、フィンランドの必死の抵抗がはじまった。

開戦当時国境には、総兵力五四万人ともいわれるソ連軍が結集していた。この兵力を前にしてフィンランドが開戦時に動員できたのは二九万五〇〇〇人と半分程度である。さらに人口で比べると、当時のソ連の人口一億七〇〇〇万人に対し、フィンランドは三七〇万人しかなかった。

当時フィンランドの頼みの綱といえるドイツは、ソ連の侵攻に先立つ八月に独ソ不可侵条約を締結しており、ソ連の同盟国となっていたし、他の諸国からの援助はスウェーデンからのわずかな義勇軍と若干の兵器や資金のみであった。

ほとんど孤立無援の状態で、質、量ともに圧倒的なソ連軍の前に、世界中の誰もがフィンランドがあっという間に制圧されると考えていた。じっさいモスクワのヴォシーロフ国防人民委員などは、「戦争は四日で片付く」と豪語していた。

しかし、ソ連軍の進撃はすぐにとまった。

厳しい寒さや、森と湿地の多い地形、さらにはスキー部隊の奇襲をはじめとするフィンランド軍必死の反撃の前にソ連軍部隊は各地で敗北し、中部・北部に侵入したソ連軍師団、戦車旅団が次々に殲滅《せんめつ》させられたのだ。

戦争がはじまって一カ月の間、フィンランド軍の死者九〇〇名に対し、ソ連軍は二万三〇〇〇の戦死者を出した。巨大な強国を相手に二〇倍以上の死者をもたらしたフィンランドの奮戦を、アメリカのあるジャーナリストは「雪中の奇跡」と呼んだ。

しかし、人口比で四〇倍以上もの差があるソ連との戦闘は、長引けば長引くほど小国フィンランドに不利である。

翌一九四〇年になって、対フィンランド戦を担当するため新たに編成されたソ連西北方面軍総司令官に任命されたティモシェンコ元帥は、兵員約六〇万、戦車及び装甲車総計二〇〇〇両というとてつもない大部隊で反撃に出た。

これに対しフィンランド軍もよくもちこたえたが、衆寡敵せず、結局三月一二日、ソ連との講和を余儀なくされた。

前線のフィンランド軍はなんとか持ちこたえていたものの、二月中旬以降は次第に退却を余儀なくされており、もはや兵員も弾薬も底をつく状態であったのだ。戦闘を続けていれば、全土を蹂躙されるのも時間の問題であったろう。

和平の条件として突きつけられたのは、カレリヤ地峡及びラドガ湖北東沿岸のソ連への割譲、ハンコ半島と隣接する島々の三〇年間のソ連への貸与など、全土の一〇分の一をソ連に与える内容であった。

こうしてフィンランドは、最終的にソ連に譲歩する形での講和を余儀なくされた。しかし重要なことは、フィンランドが兵力的に圧倒する大国ソ連と戦い、とにかく生き延びたことである。

歴史に「もしも」は禁句であるが、一九三九年のソ連の要求を受け入れたとしても、当時の状況からいずれソ連が何らかの口実を設けてフィンランド占領を図った可能性は高い。他方、最初の段階で一方的に蹂躙されていれば、和平条約もなにもあったものではない。

冬戦争におけるフィンランド軍の損害は戦死二万一三九六名、行方不明一四三四名、負傷者四万三五五七名である。これに対しソ連の損害は、西欧諸国の推計で戦死二〇万から二五万、負傷六〇万人という。死傷者の総計で一〇〇万人という推計さえある。

この数字だけを比べれば、フィンランドの圧勝である。

フィンランドは一九四一年になって、独ソ戦に巻き込まれる形で再度ソ連と戦った。しかしこのときも、旧東欧諸国のように衛星国となることもなく、西側自由主義陣営に属する独立国として生き延びた。

■四■……国家の〈サバイバビリティ〉とは

イスラエルとフィンランドの例に見られるように、国家が生き延びるためには、最低限の軍事力は欠かせない。

現在の国際情勢においては、特別な場合を除いて武力の行使そのものが認められない傾向にあるとはいえ、一九九〇年のイラクのクウェイト侵攻のように、軍事大国が近隣の弱小国を一方的に侵略してしまうことがあり得るのだ。

一国の軍事力を支えるのは、兵員を補充する人口であり、軍備を整えるための経済力である。

この人口と経済力という要素は、単に戦時だけでなく、平和時の国力を示す指標としてもよく使用される。さらには国民全体の教育程度や、その国の持つ技術水準も国家の〈サバイバビリティ〉を規定する要素となろう。

では、これらの要素はどのようにして計ることができるだろう。

人口については、一部の国を除き、国勢調査でかなり正確に把握できる。

経済力は、国内総生産（GDP）による比較が一般的で、この数字が大きいほど、その国の経済活動の規模も大きいということになる。

教育程度は国民の識字率で把握できるし、技術力については特定の国が生み出す各種製品の質がある程度の目安になろう。

さらには、天然資源にどれだけ恵まれているか、とか、どのような隣国と接しているかも国家のサバイバルに大きく関係してくる。

ペルシャ湾岸のカタルやクウェイトのように、人口に比べて多大な天然資源に恵まれていれば、それだけで十分生きていくことができる。反面クウェイトは、イラクのように前科のある隣国と接していて、この面で気を抜けない。人間や生物のように移動が容易でない国家にとっては、その国の地政学的な位置関係も重要なのだ。

そして国家の場合も、その国の指導者の能力や決断が、大きく〈サバイバビリティ〉を左右する。

五……指導者と国家

国家の政策を決めるのは、その国の政策決定権者である。

日本のような民主主義国家では、主権は国民にあるとされ、国民が選挙で自らの代表者を選び、国政を代行させる。

しかし日本の場合、内閣の長たる総理大臣は、国民が選んだ国会議員が選ぶという間接選挙制度を実施している。

選挙による総理大臣や大統領の選出は、今や多くの国で実施されているが、なかには世襲制の国王が代々実権を握るという国もある。また、共和国とか人民民主主義国とかいう名称は名乗っていても、じっさいには特定の一族が世襲で国家の指導者に就いている国もある。

いずれにせよ、戦争や大災害、経済危機などの極限状態においてどのような政策をとるかは、指導者とその取り巻きにまかされていて、国民が自ら関与する機会はほとんど与えられない。

この指導者の質というものが、国家の極限状態には大きく影響する。

第一次大戦末期、オスマン・トルコ帝国は崩壊の危機に瀕しており、トルコの領土は各方面から連合軍の攻撃を受けていた。

こうした状況で現われたのが、ムスタファ・ケマル、後のケマル・アタチュルクである。彼はまず将軍としてギリシャ軍を撃退、政党の設立や憲法の制定、さらにはローマ字による言語表記の実施など、ほとんど国政全般に及ぶ改革を行なってトルコを近代国家に生まれ変わらせた。

古代から中世にかけては、アレキサンダー大王やジンギスカンなど一代で大帝国を築き上げた例も多い。

近代においても、例えばプロシャという国の発展には、フリードリッヒ大王という一人の指導者の力が大きい。

プロシャという地名は、現在のリトアニアを流れるネマン河流域に住んでいた部族の名に由来する。国としての起源は、一三世紀頃、ドイツ騎士団がこの地に駐屯したことに始まり、一五二五年にドイツ騎士団最後の団長であるホーエンツォレルン家のアルブレヒトが還俗《げんぞく》してプロシャ公となったことから、正式に公国となった。

後に大王と称されるフリードリッヒ二世は、フリードリッヒ・ウィルヘルム一世の子である。父であるフリードリッヒ・ウィルヘルムは、行政・経済上の改革を実施し、強力な軍隊を整えた人物である。フリードリッヒは、厳格な父王の長男として生まれたものの、子供の頃はフランス文学を好む思索的な少年で、ことごとく父と対立していた。あるときなど、父の束縛を嫌ってか、イギリスに亡命を企てたことさえある。その後もフランスの哲学者ボルテールと文通したことから、哲人王とか啓蒙専制君主と呼ばれることもある。

しかし即位後のフリードリッヒは、優秀な軍事指導者としての能力を世界に示し、ドイツ諸侯の一国であったプロシャを列強の一つに伸《の》し上げたのだ。

まず一七四〇年には、オーストリア王位継承の隙をついてオーストリア領のシュレジエンに侵攻し、オーストリア継承戦争を戦い抜いた。

しかし、シュレジエンを奪われたオーストリアの女帝マリア・テレジアは、ロシア、スウェーデン、ザクセン、スペイン、フランスの支援を得てシュレジエン奪回を試みる。

こうした外交的な動きを見て最初に動いたのは、またしてもフリードリッヒのほうだった。フリードリッヒは天才的な戦術を駆使し、各地で敵軍を打ち破ったが、数量的に圧倒的な敵軍の前に、戦況は次第に不利となっていく。

一七六〇年にはベルリンがロシアに占領され、しかもフリードリッヒを支援してきたイギリス王ジョージ二世の死でイギリスの政策も変わった。こうしてフリードリッヒは、常に自害用の毒薬を携行するまでに追い込まれた。

しかし一七六二年、ロシアの女帝エリザベータの死去により情勢が逆転した。即位したのは、フリードリッヒを王として尊敬するピョートル三世で、フリードリッヒはただちに残ったオーストリア軍を蹴散らして領土を確保したのだ。

こうしてフリードリッヒの時代、プロシャはヨーロッパの列強の仲間入りをし、後のドイツ統一もプロシャを中心に実現した。ホーエンツォレルン王家は一八七一年のドイツ統一後はドイツ帝国皇帝となり、第一次大戦でドイツ帝国が崩壊するまで続いた。

フリードリッヒ大王の下でプロシャが一流国に躍り出ることができたのは、やはり彼自身の指導力が大きい。優秀な指導者を持つ国家がどう発展するかという実例であろう。

七年戦争においては、最終的な勝利をもたらしたのはロシアのエリザベータ女帝の死であり、フリードリッヒが生き延びることができたのは、運が良かったのだと言えるかもしれない。

しかし既に何度か述べたように、運もサバイバルの重要な要素である。

かのアレキサンダー大王でさえ、一歩間違えば死んでいたという場面に戦場で何度もでくわしている。逆に、フリードリッヒを尊敬して執務室にその肖像を飾っていたヒトラーは最後の瞬間の逆転を夢想していたが、ヒトラーに訪れたのは破滅だった。

ここでも幸運力とでも呼ぶべき要素が重要な役割を果たしている。そして国家の指導者の幸運力は、多くの場合国家それ自体の〈サバイバビリティ〉をも左右するのだ。

■六■……国家と教育

さて、仮に国家を人間にたとえた場合、軍事力はほぼ腕力に相当すると言ってよいであろう。

身体の大きさに相当するものは国土面積よりもむしろ人口であろう。というのは、国家のなかで様々な役割を担って具体的に活動するのは国民であり、国民の数が多いほど複雑な仕事も分担しやすくなるし、戦時の兵員数も確保しやすくなるからだ。

もちろん、図体がでかいことが必ずしも良いことばかりでないのは、人間も国家も同じことだ。身体の大きな人間はそれだけ多くの食料を必要とする。同じように、人口の多い国家もその国民を養うためにそれだけ多くの食糧を必要とする。自国民を養えるだけの農業生産力のある国ならよいが、そうでなければ自国民を飢えさせることになる。中国やインドなどの人口大国が人口抑制に懸命なのも、大人口の負の部分を危惧しているためだ。

では、人間の知能に相当するものは何か。それは、国民の教育程度と技術力であろう。国家という巨大なシステムは、けっきょくは国内でさまざまな職業に就いている国民一人一人により運営されている。人間がけっきょくは無数の細胞から構成され、細胞の一つ一つがそれぞれの役割を担っているようなものだ。

その国民に、その国家の一員としてふさわしい意識を持たせるのが公教育の役割である。生物の器官の一部に損傷があると、生物自体が病気になるように、国家機関の一部に問題が生じると国全体ががたがたしたり、ひどい場合は内戦にまで至ってしまう。

そこでたいていの国家では、子供の頃から国民に一定の教育を施し、当時の国家において理想とされる人間像に近づけるべく教育を行なう。その意味で、公教育には常にマインドコントロールの要素がある。

現在北朝鮮で行なわれているような思想教育は例外としても、公教育で既存の社会秩序や政治制度の打倒を呼びかける例はほとんどない。

それと同時に教育には、その国で生きていくうえでの最低限の知識を国民に身につけさせ、また将来国家を指導する立場に就くべき人材を養成するという側面もある。

そしてレベルの高い教育により自国民の平均的能力を高めることは、国家それ自体の〈サバイバビリティ〉を高めることにもなるのだ。

先に述べたイスラエルは、中東では国民の教育程度がずば抜けて高い国でもある。そして小国イスラエルがアラブとの度重なる戦いを勝ち抜いてきた理由の一つとして、アラブ諸国の兵隊たちは識字率が低く、しかも事前に指示されたとおりの行動しかできなかったのに対し、イスラエル側は全員読み書きができたという要素も指摘されている。

■七■……文明の興亡

歴史上大帝国を樹立していた民族が、今では消えてしまったり、当時と比べてかなり狭い領土内に封じ込められたりしている例は数多くある。

インドやエジプト、メソポタミアなどで大規模な都市文明が栄えていた頃、ヨーロッパではケルト人やゲルマン人などが小部族に分かれて暮らしており、国力も生活レベルも劣っていた。しかし現代では、ヨーロッパ文明の影響力は圧倒的で、世界全体が多かれ少なかれ欧米化されてしまっている。逆に世界の四大文明発祥地はいずれも、現在発展途上国に位置付けられている。

ヨーロッパ文明はなぜ、現代においてこのように大きな影響力を持ちえたのだろうか。

イギリスの歴史学者ポール・ケネディによれば、ヨーロッパ文明が世界的な覇権を確立したのは一六世紀以降のことである。しかし一六世紀に入る直前の一五〇〇年当時でも、ヨーロッパが他の地域に比べて特に秀でていたわけではなかったという。

じっさい中世においては、東のアラビア帝国のほうが科学技術も教育も生活水準もヨーロッパより高かったし、その後もヨーロッパはモンゴルに蹂躙され、オスマン帝国の侵略に脅かされていた。

それが一六世紀以降急速に世界を席巻できた理由として、ポール・ケネディは、ヨーロッパに権力の中心がなかったことを指摘している。

以下ポール・ケネディに従うと、ヨーロッパには騎馬民族が迅速に大帝国を打ち立てられるような広大な平原は存在せず、ナイルやチグリス・ユーフラテス河などと違って大河の流域に肥沃な土地があるわけでもない。地理的にも分断されて、人々は山や森林で隔てられたあちこちの谷あいに固まって住んでいた。

他方、この地理的な多様性が地域ごとの特産物を生み出し、交易が発達した。また中央集権的な権力が全土を支配できなかったことがかえって、市場経済の発達を促したのだという。

地方の権力者が経済的な搾取を強化すれば、領民たちは他の、より寛大な領主のところへ逃げ出したのである。さらには、ヨーロッパ各地の支配者たちが絶えず戦争を繰り返していたことも、武器や戦術、科学技術の発達を促した。

一言で言えば、ヨーロッパに分立した多くの諸国は、他国との経済的、軍事的争いのなかで生き延びていくためより効率的な制度を充実させる必要があったということである。つまりこうした地域情勢のなかでは、国家の〈サバイバビリティ〉を高めないと生き延びていけなかったのである。

じっさい、ハプスブルク帝国、ポーランドやスウェーデン、デンマークなど、ヨーロッパの覇権争いのなかで、一時は大国と言われながらその後没落してしまった国も多い。

こうした厳しい生存競争のなかで培われたヨーロッパの戦術と武器は、一六世紀末には他のどの地域より強力なものとなっていた。

そしてヨーロッパ諸国は、こうした進んだ戦力をもって世界に乗り出し、世界の大部分をヨーロッパ化したのである。

■八■……二一世紀日本の〈サバイバビリティ〉

二〇〇〇年に行なわれた国勢調査によれば、日本の人口は一億二六九二万人で、世界で九番目の人口大国である。

字の読めない人間はほとんどおらず、多くの者が中等・高等教育を受けている。

GDPで比べた経済力は世界で二番目だし、公式には軍隊ではないはずの自衛隊も、その実力はかなり評価されている。

人間にたとえれば、ある程度大きな身体と腕力、知能を持ち、財布の中身も充実していると言えよう。

しかし現在の日本は、戦後最大と言われる大不況に見舞われて、ここ数年低成長やマイナス成長が続き、多くの企業で大量のリストラが行なわれている。二〇〇一年一二月には完全失業率が五・六％にも達し、自慢の経済力にもかげりが見えている。

そして二一世紀の日本を確実に襲うのが、少子化にともなう人口減少と急速な高齢化である。

少子化は、今や日本に限らず先進国すべてに共通する問題だが、日本の場合は特に深刻で、女性一人が一生の間に生む子供の平均数である合計特殊出生率は、一九九九年にはついに一・三四人に達した。この合計特殊出生率が二・〇八人以下になると、いずれ人口が減少しはじめるのだ。

厚生労働省付属の国立社会保障・人口問題研究所が二〇〇二年一月に発表した推計によれば、日本の総人口は二〇〇六年に一億二七七四万人でピークになり、それ以降は減少に転じるという。

人口の減少は、一五歳から六四歳の生産年齢人口の減少に直結し、生産年齢人口は二〇〇〇年の八六〇〇万人が、二〇五〇年には五三八八万人と三分の二以下に減少するという。

労働力が減少すれば、GDPも当然減少する。

IT産業など付加価値の高い産業に転換できれば経済成長は確保できるとの楽観的な主

張も見られたが、ＩＴバブルはとっくにはじけ、多くのＩＴ企業が業績不振に陥っている。他にも、高い通信回線使用料、ＩＴ国際標準語たる英語力の問題、ネット上の個人認証制度の不備、半導体生産における韓国や中国の台頭など、日本がＩＴ分野で今後指導的立場を得ると仮定するには、あまりにも障害が多すぎる。

一方で日本の公的債務だけは着実に増加しており、日本政府と地方自治体が背負う債務は、二〇〇二年度当初予算では六九三兆円に増大している。ＧＤＰの一四〇％という巨大な額である。

この六九三兆円という数字は、赤ん坊まで含めた日本国民の数で割ると、一人一人が約五四〇万円ずつの借金を背負っている計算になる。また増加率を考えると、一九九九年一二月当時、小渕首相は、「自分は六〇〇兆円もの借金を背負っている世界一の借金王だ」と語っていたから、わずか二年間で一五・五％も増えたことになる。そしてこのままいけば、この額は二〇一〇年には八〇八兆円になると予想されている。

さらに言えば、二〇〇一年末、対外債務の一時支払停止に追い込まれたアルゼンチンでさえ、債務の対ＧＤＰ比率は五四・六％だったし、同じく一九九八年に金融危機を迎えたロシアも六〇％程度だった。ＧＤＰの一四〇％という額は、世界的にも信じられないくらい異常な数字なのだ。

ひるがえって、二〇〇二年度予算は八二兆六五〇〇億円程度で、税収が四六兆八一六〇億円と予想されている。こうした状態を家計にたとえると、年収は四六八万円程度なのに八二六万円もお金を使っており、借金残高が六九〇〇万円という状況である。

国債の支払いに限っても、二〇〇三年度には償還額が国家予算を上回ると予測され、二〇一三年度には一五〇兆円以上の支出が予想されている。しかしマイナス成長が続くなか、財源の目処はない。

日本国民は総額一四〇〇兆円の資産を有しているから、そうした資産をつぎ込めば何とかなるとの議論もある。しかし、国の借金のために国民の個人的資産をつぎ込むという考えは、借金まみれの親が子供の貯金箱に手を出すような暴挙であり、このような主張がまかり通ることこそ、むしろ問題の深刻さを示していると言えよう。

日本が国として背負うべき債務については、さらに深刻な推計もある。特殊法人に対する借入金二三二兆二〇〇〇億円（九九年度）や、最大七九七兆円と見積もられる将来の公的年金給付などを合計すると、その総額は一六〇〇兆円にも達するというのだ。だとすると、国民の資産を合わせてもまかない切れない恐るべき数字となってしまう。

赤字国債や、先進国共通の問題である少子化については終章であらためて論じる予定であるが、一言で言えばこれまであまりにも短期的視野での政策決定しかなされなかったつけが、現在表面化しているのである。

今すぐにでも何らかの根本的な改革を行なわないと、近い将来、財政破綻は免れない状況であるが、一九九三年以来の首相の平均在任期間が一年少々しかないという政治的混乱が、長期的視野に立った改革の実現を不可能にしている。

経済力は、戦後日本の国際的地位を高めるうえで第一の柱であった。その日本が債務支払不能にでもなれば、国連安保理の常任理事国入りはおろか、先進国クラブへの残留資格さえ問われかねないであろう。

こうしたなか、日米欧の有力企業などを会員とする世界経済フォーラム（ＷＥＦ）は、二〇〇一年の国際競争力で日本を二一位とした。

その原因として、企業の活動や戦略以上に政府の政策が日本経済の足を引っ張っているとしている。

日本は電子商取引関連の法整備や政府のＩＴ政策の優先度などＩＴ関連で三三位、為替相場などマクロ経済の安定度で二九位、財政状況で五〇位と、先進諸国のなかではかなり低い位置付けを受けている。

同じくスイスの国際経営開発研究所（ＩＭＤ）もまた、二〇〇一年には日本の競争力を四九ヵ国・地域のうちで二六位とした。先進国としては最低である。

米国の大手格付け会社ムーディーズやS＆Pが、何度も日本国債のランクを格下げしているように、国際社会の日本に対する評価は日本人自身が考える以上に低下しはじめているのである。二一世紀は、日本の〈サバイバビリティ〉が大いに問われる時代である。

なお、世界経済フォーラムが二〇〇一年の国際競争力一位としたのは、ソ連との二度の戦いを生き延びた国、フィンランドである。

第Ｖ章　サバイバルの抵触

祝凱旋

■第Ⅴ章■……

サバイバルの抵触

▶日露戦勝を祝して建てられた凱旋門

戦前と戦後を繋ぐキーワードとして
「個」と「公」という概念を使った。
私人主義と化した戦後の日本人の「個」と、
国の歴史の積み重ねの中から醸成されてきた
「公」（公共心）との関係を意識させるために。

……小林よしのり■『戦争論2』あとがき 幻冬舎刊

■一■……サバイバルの次元

サバイバルの抵触《ていしょく》とはどういうことだろう。

これを考えるために、本書でこれまで述べてきた〈サバイバビリティ〉とは何か、もう一度考えてみよう。

本書では、サバイバルと〈サバイバビリティ〉という言葉を広く解釈し、生物の生き残りだけでなく、企業における出世能力や受験戦争を勝ち抜く能力なども、〈サバイバビリティ〉と呼んできた。

しかし当然ながら、戦場で生き残る能力と企業内で出世する能力とは、必ずしも同じではない。どんな状況でも生き残ることのできるアウトドアの達人は、極限状態でのサバイバルについてはかなり高い〈サバイバビリティ〉を発揮するかもしれない。しかし、そうした人物が企業内での出世という意味でのサバイバルに高い〈サバイバビリティ〉を有しているとは限らない。

つまりこの二つのサバイバルは、次元が異なるのである。したがっていずれのサバイバルを追求するかによって、必要とされる能力も異なってくる。

さらに例を挙げると、世界最強の戦闘機として戦場では高い〈サバイバビリティ〉を発揮するアメリカのF15であっても、お中元商品としての〈サバイバビリティ〉はボンレスハムやコーヒーセットにさえ劣ってしまう。

日本ではそうした兵器の売買には法的に厳しい制限があるという点を差し引いても、一機何億円とするF15戦闘機がお中元商戦でたくさん売れるとは思われない。

かつて三越デパートがお中元の進物品にふさわしいものとして、体裁がよく、携帯に便利で、贈られた方の役に立つもの、という条件を述べていたが、F15にはこのいずれの条件もあてはまらない。というのは、どの条件も戦闘機のサバイバルに関係ないものばかりだからだ。

つまり、戦場で高い〈サバイバビリティ〉を発揮するF15戦闘機も、お中元商品としての〈サバイバビリティ〉はかなり低い。けっきょく、戦場でのサバイバルに要求される能力とお中元商品に必要な〈サバイバビリティ〉とはまったく次元が異なるのである。

このように、ある動物や物品には、その〈サバイバビリティ〉をもっとも有効に発揮できる場や局面があるのだ。

しかし状況によっては、次元の異なる複数のサバイバルを同時に追求する必要に迫られることもある。その際、ある特定の行為が一方のサバイバルに資する反面、同時に他の意味でのサバイバルを損なうことも考えられる。こうした状況を、本書では〈サバイバルの抵触〉と呼ぶのである。

この代表的なものは、個と全体のサバイバルの抵触である。

たとえば、企業や組織などの総体が生き延びるために、その組織に所属する個々人のサバイバルを犠牲にせざるを得ないという状況である。不祥事が起きた際、一部の職員に責任を負わせて辞めさせるという、いわゆるトカゲの尻尾きりというやつもそうだ。企業が生き延びるため、不要な社員をリストラすることや、人間の命を救うために特定の臓器を摘出する外科手術などもこの一例と言えよう。

■二■……個のサバイバルと全体のサバイバル

本書で述べてきたさまざまな〈サバイバビリティ〉は、基本的に善悪とは別次元の概念である。

純粋に生き残る可能性の観点から考えれば、善良な人間が必ずしも〈サバイバビリティ〉が高いとは限らない。むしろ逆の場合もある。かつての日本の戦国時代のような乱世では、単に善良なだけの人間の〈サバイバビリティ〉はやはり低くなるだろう。

ネズミ男のように平気で親友を裏切ろうと他人を傷つけようと、悪事を働こうと、とにかく生き残ったほうが勝ちというのが、サバイバルの基本的な考えである。

しかし、人間が集団で行動する必要がある場合、各個人が勝手に行動すれば集団全体の〈サバイバビリティ〉を落とすことがある。

経済学には「合成の誤謬《ごびゅう》」という言葉がある。

一人一人の国民が貯蓄に励むと、かえって国家全体の通貨流通量が減って不況を招くというものだ。サバイバルについても、集団の構成員がそれぞれのサバイバルを追求すると、集団全体のサバイバルを弱める場合が考えられる。

たとえば、軍隊の場合を例にとると、いざとなったら仲間を捨てて、自分だけさっさと逃げてしまうような兵隊が一人部隊にいるだけで、軍隊全体の士気が低下し、戦場における〈サバイバビリティ〉を低下させてしまう。

一般の社会集団でも、自己の利益のために他人の所有物を力づくで奪ったり、邪魔者を実力で排除しようとする人間は罪に問われ、刑務所にぶち込まれたり、場合によっては死刑にされてしまう。

死刑というのは、ある社会集団が集団内の特定個人のサバイバルを否定することである。

これが多くの国家で法的に認められているのも、社会の秩序を乱すような個人をのさばらせておくと、社会集団全体の〈サバイバビリティ〉を低下させるからである。そこで社会全体の〈サバイバビリティ〉を維持するため、秩序を乱すような個人を実力で排除するということである。

人間社会の道徳や法律などは、このような集団のサバイバルと個人のサバイバルの抵触を調節し、お互いの利益を確保するために生まれてきたものと言えるだろう。

どのような集団であれ、構成員の個人としてのサバイバルとは別に集団それ自体のサバイバルの必要が生じてくる。そうすると、構成員個人のサバイバル追求がある程度の制約を受けざるを得ない。

それは結局、他のメンバーのサバイバルと、同時に集団全体のサバイバルを確保するために必要な措置なのだ。制限された自由こそが本当の自由だというのは、それが社会全体の〈サバイビリティ〉を高め、ひいては構成員全員のサバイバルに資するからである。

他方、最近の日本では、個々の構成員のサバイバルと組織全体のサバイバルとがうまく折り合わず、どちらかの、あるいは双方のサバイバルが犠牲にされるという例もいくつかある。

最近多くの日本企業が行なっているリストラという名の大量解雇も、企業が生き延びるために個々の社員のサバイバルを犠牲にしているわけである。第Ⅲ章で述べた商工ローン日栄のケースも、社員としてのサバイバル確保のため違法行為を行なってでもノルマを達成しようとした社員の行為が、ひいては日栄自体の〈サバイバビリティ〉を低下させたとも言える。

自らの経営責任追及を恐れて正確な経営状態を隠しつづけ、ついには会社自体の破綻を招いた長銀や山一の歴代経営責任者、同じく関西ミートセンターの産地偽装を知りながら黙認した雪印食品の幹部社員なども、自らのサバイバルに固執するあまり結果的に企業自体の〈サバイバビリティ〉を低下させたと言えるだろう。

同じことは国家のサバイバルと指導者のサバイバルについても言える。

■三■……国家のサバイバルと指導者のサバイバル

個人のサバイバルと全体のサバイバルが抵触する場合の一例として、ある国のある指導者の場合を考えてみよう。

とりあえずは架空の国でよいから、指導者というのは国王でも大統領でも総理大臣でも、偉大なる主席様でも何でもかまわない。とにかく、その国の政策を最終的に決定できる権力者ということである。

この国家指導者としては、その地位をできるだけ維持しようとする。つまり、国家指導者としてのサバイバルを追求するわけである。

ところがこの人物は、敵対者を始末したり反政府運動を取り締まることには相当の手腕を発揮するが、経済や外交、軍事には無知で、この国家が抱えるさまざまな問題、たとえば財政難だとか領土問題などを解決する能力がほとんどないとしたらどうだろう。彼があらゆる手段を尽くして自分の地位を守り、長く政権の座に居座りつづけることが、国家全体にとってはその〈サバイバビリティ〉を低下させることになるのではないだろうか。

もちろん多くの国では、国家と指導者の関係はそれほど単純ではない。しかし、企業や国家のサバイバルのところでも触れたように、指導者の資質や決定というものは、そうした組織のサバイバルに大きな影響を与えるものである。

自分のサバイバルだけに固執し、おべっかしか言わない取り巻きばかりを周囲に集めて内政を省みない国王の下で、国家が繁栄したためしはない。

歴史上も、文字通り酒池肉林のぜいたくにあけくれて国家滅亡に導いた古代中国殷《いん》王朝の紂王《ちゅうおう》や、ドイツを第二次世界大戦に導いたヒトラー、さらには現代でも、イラクという豊かな国家をイラン・イラク戦争と湾岸戦争という二度の戦争に導き、現在も国連経済制裁下に置いているサダム・フセイン大統領など、国家の〈サバイバビリティ〉を低下させた指導者は多い。

日本にも、似たような例がある。

一九三六年の日中戦争から太平洋戦争に突入した経緯のなかで、一九三七年にはトラウトマン駐中国ドイツ大使の仲介で日中停戦がまとまりかけたことがあったが、内務省がこれに反対した。この条件で停戦しては国内の治安に責任がもてないというのだ。

同様に、一九四一年四月には、予備役海軍大将の野村吉三郎駐米大使がルーズヴェルト大統領と近衛文麿の会談を画策したが、松岡洋右外相は外務省が関わっていないとして反対した。

つまり、この二回の停戦の機会は、それぞれの省庁の権益を重んじる官僚たちによって潰されたのだ。

現在の日本では、政策を実質的に決定するのは、各省庁の官僚たちの役割である。

しかし官僚たちは、今でも国家全体の利益よりも、自分の所属官庁の利益や、自分の出世のほうを優先させる傾向にある。

税金の無駄遣いと批判される特殊法人があれだけ多く作られたのも、自分の権益や天下り先を確保しようとの官僚の思惑が大きい。

他方日本の政治家たちが考えるのは、選挙での当選、つまり自分自身のサバイバルである。自公保の連立政権も、結局与党の立場にとどまるための数合わせの側面が強い。与党政治家にしろ官僚にしろ、現在の日本の制度では国家の政策を実質的に動かすべき地位にある。そうした権限を持つ者が国家全体の利益でなく自己の利益を優先させて行動すれば、日本の〈サバイバビリティ〉を大幅に損なうことになる。

■四■……過労死

過労死という言葉がある。今ではそのまま英語に取り入れられているほど有名な言葉だ。文字どおり、働きすぎて死ぬことである。

しかし、働きすぎて死ぬとは、一体どういうことであろう。人間といえども、他のあらゆる生物と同じく、まずは自分自身のサバイバルを考えて行動するはずである。

しかしすでに述べたように、人間のサバイバルにはさまざまな次元がある。生物としてのサバイバルだけでなく、社会のなかでのサバイバル、会社のなかでのサバイバルといった、異なる種類のサバイバルである。

過労死とは、企業内でのサバイバルを優先的に追求した結果、生物としてのサバイバルを損なうということにほかならない。

会社でのサバイバルには二種類ある。定年まで万年平社員で、馘《くび》にならない程度に仕事を続けることも立派なサバイバルである。そうして蓄えた余力を他の人生の楽しみに向ければ、より実り多き人生を送ることができる。

ところが大抵の社員にとって、会社でのサバイバルとは文字どおりの出世争いである。出世するためには、会社に評価されなければならない。そして会社の評価とは、直属の上司の評価であり、営業成績であり、どれだけ有利な取引を取って来るかという実績である。

これらの実績は、結果としての数字で冷厳に表示される。そしてこうした実績を上げるため、企業戦士たちは文字どおり全知全能を傾けるのだ。

出世争いの欠点は、終わりがないことである。ほどほどのところで満足できればよいのだが、そうした出世一辺倒の企業人たちは、課長になったら部長、部長になったら専務と、次々と上を目指していく。また大抵の場合、その目的に全力を傾けるような人間でなければ出世は難しい。

そして自分の能力以上にこの目的を追求した結果、身体に異常をきたし、突然死するのが過労死である。時には出世のためばかりでなく、周囲の環境や上司の圧力によってやむを得ず働き過ぎる場合もあろう。いずれにしても、企業内でのサバイバルを追求しすぎて、生物としての〈サバイバビリティ〉を低下させた結果が過労死である。

しかし会社でのサバイバルは、本来生物としてのサバイバルをより快適なものとするため、経済的収入を得る手段であるはずだ。そのために命を失っては本末転倒である。

■五■……長期のサバイバルと短期のサバイバル

海外で、マラリアと肝炎を併発したという人がいる。

熱帯性マラリアはかなり危険で、命にもかかわる。他方肝炎は、劇症肝炎を除いて大抵は慢性になる。しかもマラリアの特効薬は肝炎に悪いときている。こういうときはどうすべきだろう。

この人物がかかった医者は、まずマラリアを完全に治してから肝炎の治療にかかるというやり方を選んだ。

このように二つの危機が同時に襲いかかってきた場合、より緊急の問題にまず対処すべきは当然である。しかし、この緊急の問題への対処が、もう一つの問題をさらに深刻化させる場合がある。

普通の家庭においても、目の前に迫った緊急の支出に備えるため、生命保険や定期預金を解約するということがある。生命保険契約や定期預金は、将来あるかもしれない不測の事態に備えるもので、長期的なサバイバルを確保するためには残しておいたほうが望ましい。しかし家族の入院とか、差し迫った借金の返済などで、やむなく解約するというケースはしばしばある。

このように、目の前に迫った問題解決のため、長期的なサバイバルをある程度犠牲にせざるを得ない場合を、短期のサバイバルと長期のサバイバルの抵触と呼ぶことができる。今の日本にその典型的な例がある。日本政府が振り出している巨額の赤字国債である。

一九九二年のバブル崩壊以来、政府は多くの不況対策を実施してきた。不況対策の総額は二〇〇兆円にも及ぼうという大規模なもので、財政投融資、減税、銀行への公的資金投入、ゼロ金利政策、さらには国民への商品券配布などであった。

政府の財政投融資といっても、その財源はどこからか湧いてくるわけではない。おまけに減税を行なえば税収が減り、かえって財源を減らすことになる。

そこで大量の国債が発行された。

一九九九年度には三八兆六〇〇〇億円もの国債が発行され、この年の年間予算に占める国債依存度は四三・一%にも達した。第二次大戦末期の一九四五年度でさえ、国債依存度は三八・五％だったことを考えると、史上かつてないほど異常な事態である。

けっきょく日本政府は、長期的なサバイバルに必要な構造改革を犠牲にして、短期的な不況対策のために国債発行という旧来の政策に頼ってしまったのだ。

国債は、そもそも国の借金である。国が振り出す債権であり、償還時期が来たらそれなりの利息を払って買い戻すことが予定されている。

国債の発行額を増やせば、将来償還に充てるための支払額もそれだけ増えることになる。すでに二〇〇三年には、この国債償還の費用が国家予算を上回り、二〇一三年度には一五〇兆円もの支払いが必要であると予測されている。

一方肝腎の不況対策は一向に効果が上がっていない。冒頭の病人の例で言えば、マラリアの治療に失敗し、肝炎は悪化する一方で瀕死の状態であると言えよう。

中世ヨーロッパの大国ハプスブルク帝国が没落した原因も、安易な借金政策に頼ったことが一因とする指摘もあるのだ。

こういう状況になるとむしろ発想を転換し、日本の長期的なサバイバルの確保に焦点を絞った政策に転向するのも一案ではないだろうか。

今や日本というシステムそのもののサバイバビリティが問われる時代である。そして、少子化により人口が減少すれば、当然マイナス成長とならざるを得ない。そうした現状を正しく認識し、無理な経済成長政策をやめて、将来のある時点での適性規模の経済に軟着陸させていく政策が必要なのではないだろうか。

■六■……サバイバルのコスト

生物が生きていくためには、それなりの労力を払う必要がある。

植物が生存するためには、太陽のエネルギーを吸収し、空気中の二酸化炭素と水を取り入れて細胞内で炭水化物を合成する。光合成と呼ばれるプロセスである。動物は植物を食べるが、結局は植物が太陽エネルギーを使って合成した栄養分を横取りするわけである。

植物の場合は地面に根を張って太陽の光を受けていればよいのだが、動物は餌を求めて動きまわる。肉食動物ともなれば、逃げる相手を追いかけたり、場合によっては待ち伏せしたりという戦術も必要になってくるし、すばやく相手の息の根を止めるテクニックも身につける必要がある。

人間の場合も同様である。

原始時代には集団で暮らし、獲物を捕らえたり木の実を集めたりして、一日の大半を食料の収集に使っていた。

獲物の豊富な時期にはこの労働時間は相当短かくなるが、旱魃《かんばつ》の時期や冬季などは、一日じゅう獲物を探しても何も見つからないこともあったろう。それでも、座して死を待つより、外を探索したほうが獲物を見つける確率は高かったろう。

農業が発達すると、飢饉に備えて収穫物を蓄えることもできるようになり、衣料も発達し、日々の生活を楽にするさまざまな道具も発明された。

特に産業革命以後、先進国の人間は単に生き延びるだけでなく、生活を一層快適で安全なものにするためにその労力を費やしてきたと言えるだろう。

現代の先進国であれば、少なくとも普通に働いていればどんな職業であれ飢え死にする可能性はない。電話や消防、病院などの公共サービスは二四時間体制で運営されており、コンビニに行けば二四時間いつでも商品が買える。

しかしそうした快適なサバイバルを保障するために、目に見えないコストが必要である。このコストは、快適さを高めようとすればするほど増大することになる。

第Ⅳ章で述べたイスラエルなどは、ただ生き延びるために国力に不相応な軍事力の維持を強いられているが、他の先進国でもコンビニに深夜まで人を張りつけるには、従業員の給料はもちろん、そうした店舗の電気代や冷暖房費が必要となる。老人が退職後も快適に暮らすためには、年金や社会保障制度という形で、国家の資金をつぎ込むことになる。

現在世界で主として使用されているのは、石油や石炭などの化石燃料であり、こうした古代の生物の遺骸を燃やして、快適な生活を維持するためのエネルギーを得ているのであるが、こうした化石燃料の大量使用は、地球の温暖化をもたらしている。

一〇〇年や二〇〇年で破局が来るわけではないものの、一〇〇〇年単位の長期的視野に立てば、いずれは南極の氷が溶けて海面の上昇をもたらすであろう。

こうしたエネルギー消費は、自らのサバイバルをより確実にしようとする結果生じたものだ。しかし地球環境の破壊は、将来人類のサバイバルに重大な脅威をもたらすかもしれないのだ。

このサバイバルのためのコストに関しては、第Ⅱ章で述べたように、現代の日本人は社会でのサバイバルのためにも過剰な努力を強いられている。

幼稚園に入る前から受験戦争のなかに投げ込まれ、会社に入れば出世争いや厳しいノルマに追われ、時には過労死にまで至る。それもこれも、社会のなかで少しでも高い地位を占めるための対価なのだ。

しかし、現代の日本では生物としてのサバイバルがほぼ保証されていることを考えると、われわれは必要以上のサバイバルを追求しているのかもしれない。

終章　〈サバイバビリティ〉で切る最近の事件

日本の女性は結婚や出産で退職する割合が米欧の女性より高く、
働きつづける女性の出生率は極端に低い。
内閣府の研究会は出産退職した短大卒のＯＬが
のちにパートとして再就職した場合、
生涯収入は働き続けた場合より一億八千万円少なくなると試算した。
■二〇〇二年一月三一日付「日本経済新聞」

■一■……学級崩壊と少年犯罪

最近少年犯罪が増えているという。

警視庁の統計によれば、少年犯罪の発生件数はここ一〇年間で二倍になっているそうだ。しかも教育の現場ではいじめがはびこり、学級崩壊でほとんど授業の成り立たない学校も増えているという。日本の教育制度は、今や崩壊の危機に瀕していると言ってよいだろう。

では、なぜこのような状況が生じたのだろう。この問題を〈サバイバビリティ〉の観点から解釈するとどうなるだろう。

戦前、日本の義務教育は、国民全員が読み書きできるようにすること、つまり一〇〇％の識字率を達成することを目的としていた。第Ⅳ章で述べたように、国民の教育程度は国家全体の知能に相当し、国家それ自体の〈サバイバビリティ〉を強化するのだ。

まだまだ識字率の低い一部の途上国では、今でも国民全員が読み書きできるようにするという目的が生きている。

この場合の義務教育には、社会に出て生き延びるための最低限必要な教養と知識を教えることが求められていたのだ。

この最低限の知識と教養とは、何も文字の読み書きや四則演算に限らない。社会の他の成員との関わり方やバスの乗り方、電車の切符の買い方とか、買い物の仕方なども必要な知識であり、教養である。

ところが現代社会はどうであろう。

パラサイト・シングルやひきこもりの例に象徴されるように、最低限生き延びていくだけなら、家族だけにすがっても生きていけるのだ。

そこで日本の学校教育の内容も、次第に変容してきた。

今や小学校で山野の毒草の見分け方とか、魚を捕らえるための罠《わな》の仕掛け方やマッチがないときの火の熾《おこ》し方などは教えない。教えたとしても、教師が実演してみせることはほとんどないだろう。

というのは、現代の日本社会ではそのような教育はまず必要ないからだ。なぜなら、今の日本では、少なくとも生命体としてのサバイバルはほぼ保証されているからだ。

現在日本の教育は、確立された日本的システムのなかで、より高い地位、より良い収入を得る意味でのサバイバルを達成する能力の養成、つまり受験戦争に勝ち抜く知識の注入に重点が置かれている。

小学校、いや幼稚園のときから互いにしのぎを削ってより良い進学校、よりレベルの高い大学を出て、一流企業に就職するための養成課程に組み込まれているのだ。

しかし、高校や大学はもちろん、幼稚園にまで選抜試験のある時代だ。日本の子供たちは小さいときから、自分がだいたいどの程度のランクにあるかを、好むと好まざるとにかかわらず意識させられるのだ。

実際には小学校や中学校時代に少しくらい他人から遅れていても、その後の努力によって十分取り戻せるものである。しかし一流大学に入るには、ある程度のランクの進学校に入るほうが有利だし、進学校に入るには中学の成績がものを言う。

つまりは、中学の段階で落ちこぼれてしまうと、将来日本社会のなかで重要な位置に就く可能性が格段に狭められてしまうのだ。

確かに、大学入学資格検定というものもあり、たとえ高校に行けなくても大学に進める制度はある。また、名もない地方の高校から一流大学に入ったり、無名の大学から一流企業や中央官庁に就職する者もいるにはいるが、非常に少数なのは一目瞭然である。

中央官庁や一流企業の役員名簿を見ると、東大、京大をはじめとする一流大学出身者ばかりで占められている。

初期の段階で受験戦争から脱落すると、芸術など特殊な分野でよほど優れた才能を発揮できない限り、高い社会的地位に到達できる可能性はほとんどなくなるのが現実なのである。

その一方で、生命体としてのサバイバルは保証されている。

今や日本人の平均寿命は男性で七七・六歳、女性で八四・六歳であるから、中学で落ちこぼれの烙印を押されたとしても、六〇年以上も生き長らえるのである。しかも、自分はレールから外れたという劣等感を常に抱えて生きていくのである。考えてみれば相当苦しい人生だ。十分な社会経験のない子供たちがやりきれない気持ちになり、時に自暴自棄の行動に走るのも当然だ。

おまけに知識の教授に偏重した今の学校教育は、人と人との関わり方について十分伝授しているとは言いがたい。現場の教師や親たちも、同じような教育システムで育っているから、現場のみで対応できないのも当然だろう。

今必要なのは、教育課程の改訂だけでなく、教育制度そのものの抜本的改革である。

人間の生まれながらの能力の差を直視し、多様性に応じられる柔軟な制度である。学校教育課程で脱落した人間であっても、誇りと尊厳を持って生きていけるような社会参加を保証するシステムである。

■二■……公務員制度改革

ここ数年、高級官僚の不祥事が相次いでいる。

日本の経済政策を扱う旧大蔵省キャリア官僚の収賄事件や、警察官僚の相次ぐ不祥事もみ消し事件、薬害エイズ事件や狂牛病上陸を引き起こした旧厚生省の不始末、さらには公金を使い込んだ外務省職員もいた。

かなり強大な決定権を有し、国政の舵取りを一線で担っているはずの彼らが、どうしてこのように国民の信頼を損なうような行為を行なうのだろう。

現在の日本の官僚制度は、明治時代に作られたものがほとんどそのまま維持されている。明治という時代には、まだ義務教育がその緒についたばかりで、庶民の間でもお上に従うという意識が強かった時代である。

こうした時代背景を考えると、知識と能力、意欲のある一部の人材が国家を指導していくという形態には、それなりの意義があったというべきだろう。

実際明治時代の官僚たちには、いわゆる「ノーブレス・オブレージス（崇高なる義務）」の意識があり、自己の保身よりも国家に尽くすという意識が強かったようである。

常に国家を背負っているという意識は、確かに一種の気負いであり、もしかしたら幻想かもしれない。しかし当時の官僚たちは、おそらく国のために粉骨砕身しようと本気で考えていたのだろう。

日本の官僚制度は、幾分かは縮小されたとはいえ、依然として強大な権力を維持したまま戦後も温存された。そして第Ⅱ章で述べたように、国家公務員Ⅰ種試験合格は、今でも中央官庁での管理職や、天下り後の重職が約束される〈サバイバビリティ〉の高い職業である。

そこで、東大生をはじめとする優秀な学生たちが、多く中央官庁への就職を志している。しかし、現代の学生たちが高級官僚を目指す動機は何だろう。天下国家に資するためというより、自己のより安定したサバイバルの確保という意識のほうが強いのではないだろうか。

じっさい何人かのキャリア公務員に聞いてみても、自分の手で国家の舵取りをするという気負った人物は格段に少ない。むしろ他の大企業の職員と同様、自分自身の生活のために中央官庁を志すという人物が多いようである。東大生などには、周りの学生が皆受けるから自分も公務員試験を受けるという、付和雷同型もけっこういる。他方彼らには、自分は他の学生よりできるという優越感は残っているし、国民全体に奉仕する公僕という意識は非常に希薄である。

キャリア職員の意識が変わる一方で、日本の中央官庁は未だに、強大な許認可権限を維持しているのだ。

鼻持ちならないくらい高いエリート意識を持ったキャリア職員が減少しているのは、ある意味では良いことかもしれない。しかし彼らが下す決定が、国家全体の利益よりも自分の省内における立場を重視してなされるとしたら、これは問題である。

中央官庁の持つ強大な権限は、真に国家のためを考えて在職している官僚が公平な判断に基づいて行使してこそ、有効に用いられるのである。個人の利益を優先して考える人間がこうした権限を持てば、不祥事も当然である。

結局現代の公務員採用制度は、I種採用試験受験者の意識が変化している今、もはや時代にそぐわなくなっていると言うべきであろう。

日本の中央官庁のもう一つの問題点として、OBが退職後も影響力を行使できるという点がある。

中央官庁では日本型の年功序列制度が強く維持されているため、退職後も、OB会などのつきあいでは年次に従った年功序列の席次が一生ついてまわる。現職の事務次官といえど、かつて上司であったOBの要求をむげに断ることは難しいのだ。

そこでそうした影響力のあるＯＢを顧問などで採用することは、天下り先となる私企業にとっても利益となる。ＯＢの側にすれば、退職後の年金だけで生活できないわけではないが、やはりかつて権勢を振るった人間は自分の能力に強い自信を持っており、まだまだ何かしたいと願うものだ。そして中央官庁としても、かつての自分の身内の老後の生活の確保に迫られる。

つまり日本の天下り制度は、中央官庁、当事者、そして受け入れ先の私企業の利益が、日本的な社会システムのなかで見事に合致して生じたものである。制度の上だけで関連企業への再就職を禁止しても、日本の社会システムが変わらない限り、何らかの形で生き延びるであろう。

■三■……少子化

日本に限らず、先進諸国では最近、出生率の低下が問題となっている。

日本では、一九九九年に女性の合計特殊出生率が一・三四人と最低を記録した。二〇〇二年一月の国立社会保障・人口問題研究所の発表によれば、この合計特殊出生率は少しは回復するものの、一・三九程度で安定してしまうという。

二〇五〇年には六五歳以上の高齢者人口が全体の三分の一を超え、日本の総人口は、わずか四年後の二〇〇六年に一億二七七四万人に達するのをピークに減少しはじめるという。高齢者人口の増加と、生産年齢人口の減少は、年金財政の破綻、日本経済の地盤沈下、社会保障費や医療費の増大、社会的活力の減退など、日本の国家としての〈サバイバビリティ〉を大幅に下落させる可能性がある。

少子化の問題に直面しているのは日本だけではない。

スウェーデンは、早くも一九三〇年代からこの問題に取り組み、一九八〇年からは、第一子を産んですぐ第二子を産む場合に「スピードプレミアム」という有給育児休暇を継続して取れる制度を導入したが、結局一時的な回復しかもたらさなかった。

シンガポールでも一九八〇年代に包括的な助成制度が導入されたが、少子化に歯止めをかけることはできないでいる。

日本における出生率減少の背景には、さまざまな要因があろう。しかし、この点についても、個人のサバイバルと国家のサバイバルの抵触という、いわゆる個のサバイバルと全体のサバイバルの抵触というとらえ方が可能なのではないだろうか。

今では日本でも女性の社会進出が進み、多くの女性が実戦的戦力として企業で働くようになっている。すると彼女たちも、企業人として企業のなかでのサバイバル競争に参加するようになる。

日本ではまだ、女性は結婚したら家庭に入るという観念も根強く残っているものの、自立した女性をめざすキャリア志向の女性たちも増えているようだ。

そして日本の企業社会のなかである程度の地位に就くためには、人より多く働き、それなりの業績を示さなければならない。男性なんかに負けまいとがんばっている女性はもちろん、仕事が結構好きで仕事に喜びを見出している女性にとっては、妊娠や子育てによる一年もの行動制限は、企業内でのサバイバルにとってのマイナス要因でしかない。

もちろん、企業でのサバイバルよりも母親として子孫を残すことを望む女性も多いだろう。しかし全体として、企業でのサバイバルを追求したり、個人生活を一層エンジョイするため、母親になることを好まない女性が増えているというのが、出生数減少の大きな原因ではないだろうか。

企業でのサバイバル、そして個人のより快適なサバイバルの追求は、いずれも女性個人のサバイバルの一種である。子供の存在は、この種のサバイバルを追求するうえでかえって負担になる場合が多い。多くの女性がそう考えるからこそ、出生率が低下しているのである。

しかし、こうした女性たちの個人的サバイバルの追求が少子化という形で跳ね返り、日本という国家の〈サバイバビリティ〉を低下させているのだ。

■四■……アメリカのダブルスタンダード

二〇〇一年九月一一日、アメリカの象徴の一つである世界貿易センター・ビルが、ハイジャックされた飛行機による特攻テロで崩壊した。

アメリカはただちに、サウジアラビア出身のイスラム原理主義指導者ウサマ・ビン・ラディンが事件の背後にいると特定し、ウサマが居住するアフガニスタンの支配勢力タリバンに引渡しを求めた。タリバン側が明確な証拠がないとして拒否すると、ただちにアフガニスタンの空爆を開始した。

これに対し、大勢のパレスチナ人を殺害するイスラエルの国家テロには何の対応もせず、アラブ・イスラム諸国民のテロに対しては過激に反応するとして、アメリカはダブルスタンダード（二重基準）であると非難する声が、主としてイスラム諸国から上がった。

同じような主張は、一九九〇年の湾岸戦争の際にも唱えられた。イスラエルによるパレスチナ占領には触れず、イラクのクウェイト侵攻にはただちに反応し、イラク軍を追い出したことが、ダブルスタンダードとの批判を受けたのだ。

しかしいずれの場合も、アメリカの行動は、サバイバルの観点から見ると疑いの余地なく明確なものだ。

世界貿易センター・ビルへの特攻テロでは、死者行方不明者合わせて三〇〇〇人もの犠牲者がでた。この数は、一九四一年の日本軍による真珠湾攻撃の犠牲者数二四〇三人をはるかに上回るものである。

アメリカ独立以来、外部勢力の攻撃でこれほどの数の人命が失われたことは、かつてなかったのだ。

当然アメリカは、このテロにより、平穏な市民生活を脅かされ、自国のサバイバルが危険に曝《さら》された、と認識したわけである。

自国のサバイバルが危険に曝されれば、当然何らかの対応を迫られる。

人間であれ動物であれ、そして国家であれ、その生存が危険に曝されてじっとしているものはいない。逃げるなり立ち向かうなり、通常であれば何らかの反応を示す。そしてアメリカという国は、全力でその危険を排除しようと立ち向かったわけである。

じっさいアメリカという国は、政府も国民もそうした選択を選ぶ国であり、その能力があると確信しているのだ。

湾岸戦争の際も同様である。

武力侵攻によりクウェイトという国が死滅させられたことはともかく、これによりサダム・フセインが湾岸諸国の石油を実質的に支配する可能性が出てきた。つまりアメリカのみならず、湾岸の石油に依存する国すべてのサバイバルが、サダム・フセインという一個人に握られる可能性が生じたのである。

自国のサバイバルを確保するためには、こうした危険はなんとしても排除しなければならない。そしてアメリカはそのように行動したわけである。

このようにアメリカの反応はいずれの場合も、すばやく、しかも断固としていた。そしてサバイバルの観点から判断すれば非常に明確であり、ある意味で当然の反応であった。湾岸戦争のときの日本のように、不毛な議論を続けてすばやい対応のできなかった国こそ、国家のサバイバルというもっとも重要な観点が欠如していたと言わざるを得ない。

なお今回のテロ事件では、当初発表された犠牲者数は六〇〇〇人とも言われていたが、その後被害がより正確に見積もられるにつれて次第に人数が少なくなった。

事態が正確に把握できない場合、最悪の事態を想定してそれに備えるのが危機管理の鉄則である。アメリカは当初、予想される最悪の事態を想定したわけである。

その意味で、最終的に五五〇一人もの死者を出した阪神淡路大震災のとき、最初死者はわずか二二人と発表した日本政府のやり方など、世界の常識では考えられないくらいお粗末なものであった。やはり日本には、国家のサバイバルという意識が欠けているとしか言いようがない。

■五■……特殊法人改革

第I章で述べたが、生物はそれぞれに固有の遺伝子を持っている。

生物の遺伝子には、さまざまな種類があり、いろいろな機能を持っている。ある人物が生まれながらに知能指数が抜きん出ていたり、運動神経が発達していたりするのも、その人物の持つ遺伝子の役割が大きい。

ところが、これまで生物の〈サバイバビリティ〉を高めるように働いてきた遺伝子が、状況が変化するとかえって有害なものになることがある。

その典型的な例としてよく指摘されるのが、いわゆる倹約遺伝子というものである。倹約遺伝子とは、脂肪細胞のエネルギー消費を調節し、できるだけ少ないエネルギーで生存できるようにする役割をになう遺伝子である。

現代の日本人と違い、わが人類の祖先は常に飢餓の危険に曝されていた。

主な栄養源は狩猟や採集に頼っており、いつ次の獲物が手に入るか分からない時代、食べ物を補給した時点で余分な栄養分を脂肪細胞のなかに蓄え、次回食料が手に入るまで生き延びることは、人類のサバイバルを大いに助けてきたに違いない。

しかし、時代変わって今や飽食の時代である。にもかかわらずこの倹約遺伝子は、これまでどおりせっせと余分な栄養を脂肪に変え、蓄えつづけている。その結果、肥満や糖尿病などを引き起こす原因となっているのだ。

日本の特殊法人にも、この倹約遺伝子と同様、設立当時は非常に有意義だったものが、今となってはその存在意義が薄れたり、むしろ民業を圧迫して健全な産業の発展を阻害しているものがあるようだ。

典型的なのは、住宅金融公庫や都市基盤整備公団であろう。

住宅金融公庫は、一九五〇年に設立された。

設立当時は、戦災で家を焼かれた国民に低金利で住宅建設資金を融資するという目的があり、融資を受けられる住宅も床面積が一〇〇平方メートル以内の、まさにささやかな庶民の住宅に対する支援を目的としていた。

ところがいったん設立されたこの組織は、日本の住宅事情や金融事情が大きく変わった現在に至るまで存続しつづけた。

現在の低金利時代では、民間の金融機関から融資を受けたほうが有利になっている。おまけに公庫の資金調達は、大部分が財政投融資と呼ばれる政府からの借入金なのだが、この借入金の利子のほうが融資する利子より多くなっている。つまりは、住宅金融公庫が事業を拡大すればするほど、公庫の赤字が増大するという奇妙な構造になっているのだ。

都市基盤整備公団もまた、一九五五年に住宅・都市整備公団として設立された当時は、多くの国民に安価な公団住宅を多量に提供するという使命を果たしてきた。しかし、今や公団住宅や公団開発のニュータウンには多くの売れ残り住宅があり、やはり政府からの借入金なくしては経営がなりたたない状態である。

さすがにこの二つの特殊法人は、二〇〇一年一二月一八日に政府が発表した整理合理化計画により、石油公団や簡易保険福祉事業団などとともに廃止が決定された。

特殊法人改革を巡る動きについては、サバイバルと〈サバイバビリティ〉の観点から他の問題も指摘できる。

今回の整理合理化計画で廃止が見送られた特殊法人も含め、特殊法人の多くが、その運営を政府の財政投融資、つまり国からの資金援助に頼っている。赤字が累積する特殊法人に向けられたこの資金援助は、将来不良債権となって、日本の累積債務をさらに悪化させる恐れが高いのだ。

しかし所管官庁や族議員のなかには、あらゆる手を尽くしてこうした特殊法人を存続させようとする勢力がある。いわゆる抵抗勢力というものである。

今回の小泉内閣の特殊法人改革に際しても、いわゆる抵抗勢力から圧力がかかり、政府系八金融機関の改革などは結局先送りされた。

特殊法人に限らず、いったん設立された組織はそれ自体生き延びようとする。

また特殊法人を抱えていることは、その所管官庁にとって権限と予算の確保につながり、OBの天下り先としても利用できる。政治家のなかには、こうした特殊法人や所管官庁の票をあてにしている者もいる。第Ⅱ章で述べたとおり、政治家の行動を決めるのは、まず第一に選挙で票につながるかどうかなのだ。

つまり、所管官庁や政治家がそれぞれの生き残りや権限維持を求める結果特殊法人改革が先送りされ、日本の国としての〈サバイバビリティ〉が低下する結果になるのである。個のサバイバルと全体のサバイバルとの抵触の一ケースとも言えよう。

■六■……リストラ

全体のサバイバルと個のサバイバルの抵触として指摘しなければならないものに、最近日本で吹き荒れているリストラの嵐がある。つまり、企業が生き残りをかけて個々の社員のサバイバルを犠牲にするということである。

今や日本企業も大量リストラの時代である。

二〇〇一年一一月一八日付日経新聞によれば、上場八二社は計一二万人もの人員削減を計画しているということである。日本経済復興の切り札のはずだったＩＴ産業でさえ、国内で四万四〇〇〇人ものリストラを計画している。

かつて高度経済成長が続いていた時代には、終身雇用制と年功序列型賃金制度を堅持する日本企業では、大量リストラなどほとんど考えられなかった。

しかし考えてみると、企業のサバイバルと個々の社員のサバイバルは必ずしも同じではない。

企業はけっきょく、それ自体が生き延びるために、特定社員のサバイバルを犠牲にすることも厭《いと》わないのだ。

業績が良いときは、その利益を社員に十分還元せず、業績が悪化すると即座に給料を減らし、退職を勧奨するのは公正ではないとの批判もあるだろうが、それは企業のサバイバルと社員のサバイバルとが異なることの結果にほかならない。

こうした行動は、ある生物個体と、それを構成する細胞との関係にも比することができよう。

たとえば、栄養が十分にある状態では、全細胞がそれなりの分け前にあずかる。ところが、個々の細胞はある程度以上には養分を貯蔵できない。身体中の細胞にある程度の養分が行き渡ると、残った養分はグリコーゲンとして肝臓に蓄えられる。さらに余りがあれば、体内の脂肪細胞に脂肪として蓄えられる。

では、栄養状態が悪くなるとどうなるだろう。

まず最初に肝臓のグリコーゲンがエネルギーにされ、続いて脂肪細胞の脂肪が使われる。そしてそれでも栄養が足りないとなれば、体内の細胞が少しずつ減少していく。こうして生物はやせ衰えていく。

これは、資産を切り崩した企業がそれでも赤字に苦しみ、余計な社員からリストラしようとするのによく似ている。

しかし必要以上のリストラは、社員の愛社精神を損ない、また企業の活力を削いでしまうことにもなりかねない。

一九九九年一一月一三日付朝日新聞「天声人語」は、心臓外科の権威である須磨久義湘南鎌倉総合病院名誉院長の経験を引用し、リストラについてこう述べている。

須磨名誉院長は拡張型心筋症に対する心臓縮小手術で、拡大した心臓の一部を切り取るという手術を行なって多くの人の命を救ってきた。当初の成功率は思うようではなかったのだが、病んだ心臓の筋肉も一様に弱っているわけではなく、元気な個所もあることに気づいた。そこで超音波で本当に弱っている部分だけを見定めて切るようにすると、成功率は飛躍的に上がったという。

リストラも同様で、全体をばっさりと切るようなやり方はうまくいかないだろう。

■おわりに■

一読していただいておわかりと思うが、本書ではサバイバルと〈サバイバビリティ〉の意味をかなり広く用いている。その内容も、状況に応じてかなり異なっている。サバイバルという言葉は、単に生き残るだけでなく、より快適に生きるとか、サラリーマンの出世という意味でも用いている。〈サバイバビリティ〉という言葉も、企業や国家の発展可能性や拡大可能性までカバーしている。

こうしたさまざまな次元でのサバイバビリティをどう整理するか、現時点ではじゅうぶんな理論付けができていない。しかし、サバイバルとサバイバビリティという概念が人間や生物だけでなく、企業やモノ、さらには国家にまで適用できるということは理解していただけたのではないだろうか。

本書では深入りしなかったが、サバイバビリティを考えるには動物行動学や戦史・戦術論の視点も必要であろうし、サバイバビリティとモラルの関係、サバイバビリティを数値化できるかどうかなど、課題は多く残っている。各論を深めれば日本映画や演歌のサバイバビリティ、原子力発電のサバイバビリティ、さらには民主主義や社会主義などの国家制度のサバイバビリティなど、多くのものについて論じることが可能であろう。幸運力の問題も面白いテーマである。

いずれにせよ、本書の発刊は成甲書房の田中亮介氏とのご縁である。まだ形成途上にあったサバイバビリティの発想をたまたま話したところ関心をもたれ、今回の発刊に至った。また資料収集に際しては、友人の住吉雄一郎君に迷惑をかけた。この場を借りてお礼を述べたい。

なお、次回は二一世紀日本の国家としてのサバイバビリティにテーマを絞りたい。題して『二一世紀の挑戦』である。

二〇〇二年二月　　桜井慎太郎

■参考文献■

■リチャード・ドーキンス『利己的な遺伝子』（紀伊國屋書店）■朝日新聞特派記者団『グアムに生きた二八年』（朝日新聞社）■高橋和夫『アラブとイスラエル』（講談社現代新書）■山崎雅弘『中東戦争全史』（学研M文庫）■柘植久慶『サバイバル・ブック』（集英社文庫）■リチャード・ミュラー『恐竜はネメシスを見たか』（集英社）■ポール・ウォーレス『人口ピラミッドがひっくり返るとき』（草思社）■鈴木りえこ『超少子化』（集英社文庫）■キャメル・ヤマモト『稼ぐ人・安い人・余る人』（幻冬舎）■小林照幸『政治家やめます』（毎日新聞社）■富田俊基『日本国債の研究』（東洋経済新聞社）■大津彬裕『オーストラリア人物語』（大修館書房）■佐倉統監修『ミーム力とは？』（数研出版）■波多野里望・小川芳彦編『国際法講義：現状分析と新時代への展望』■櫻井よしこ『日本のブラックホール、特殊法人を潰せ』（新潮社）■『二〇二〇年からの警鐘』（日本経済新聞社）■ポール・ケネディ『大国の興亡（上下）』（草思社）■碇義朗『ゼロ戦』（光人社）■田邊光政『やさしい会社法』（税務経理協会）■梅本弘『雪中の奇跡（新装版）』（大日本絵画）■仁科剛平『「ムーディーズ」その実力と正体』（祥伝社）■幸田真音、木村剛「日本国債はもう紙屑なのか」（「文藝春秋」二〇〇二年二月号）■高橋俊介『「人事部廃止」ある商社の人材革命』（「文藝春秋」二〇〇一年一〇月号）■久世光彦「マイ・ラスト・ソング」（「諸君！」二〇〇一年九〜一一月号）■堺屋太一「今日とちがう明日」（「週刊朝日」二〇〇一年八月三一日号）■「日本経済新聞（欧州国際版）」二〇〇〇年七月一六日付、二〇〇〇年八月三一日付、二〇〇一年一〇月一九日付、二〇〇一年一〇月二一日付、二〇〇一年一〇月二三日付、二〇〇一年一〇月二四日付、二〇〇一年一〇月二五日付、二〇〇一年一〇月二九日付、二〇〇一年一一月一八日付、二〇〇一年一一月二八日付、二〇〇一年一一月二六日付、二〇〇一年一二月三日付、二〇〇二年一月三日付、二〇〇二年一月一一日付■「産経新聞」一九九九年一月二五日付夕刊■「朝日新聞」一九九九年一一月一三日付朝刊、二〇〇〇年七月三一日付朝刊、二〇〇一年一〇月二三日付朝刊■The Economist, Nov 3rd, 2001, Peter Drucker

◎著者について

桜井慎太郎（さくらい しんたろう）
1957年生まれ。中東近現代史を専門とし、中東各地でフィールドワークを行なう。専門以外にも生物学、天文学、哲学などに関心を有し、政府関係者や学界、シンクタンクなどに豊富な人脈をもつ。本書で提示した〈サバイバビリティ〉の概念は、特定分野の枠を越えた学際的な議論のなかから生まれたものである。

サバイバビリティ
生《い》き延《の》びる力《ちから》

◎著者
桜井慎太郎《さくらいしんたろう》

◎発行
初版第1刷　2002年4月15日

◎発行者
田中亮介

◎発行所
株式会社 成甲書房

郵便番号101-0064
東京都千代田区猿楽町2-2-5
振替00160-9-85784
電話 03(3295)1687
E-MAIL mail@seikoshobo.co.jp
URL http://www.seikoshobo.co.jp

◎印刷・製本
中央精版印刷株式会社

ISBN4-88086-130-8

定価はカバーに表示してあります。
乱丁・落丁がございましたら、
お手数ですが小社までお送りください。
送料小社負担にてお取り替えいたします。

真珠湾 日本を騙した悪魔

ジョン・コールマン博士
太田 龍監訳

決定版！真珠湾謀略の真相。ルーズヴェルトの対日煽動工作を陰から操ったのは、300人委員会のフロント機関「タヴィストック人間科学研究所」だった。執拗なプロパガンダ、真珠湾太平洋艦隊への届かない警告、大本営の暗号電報「東の風、雨」の傍受など、新資料を駆使して立証する悪魔＝闇の世界政府の跋扈ぶり。孤独な闘いを続けるコールマン博士が日本の読者に向けて書き下ろした渾身ノンフィクション――――2002年4月中旬刊

四六判　予価：本体1900円（税別）

ご注文は書店へ、直接小社Webでも承り

成甲書房